시원스쿨 여행 프랑스어

시원스쿨어학연구소 지음

S 시원스쿨닷컴

시원스쿨

여행 프랑스어

초판 1쇄 발행 2024년 5월 30일

지은이 시원스쿨어학연구소
펴낸곳 (주)에스제이더블유인터내셔널
펴낸이 양홍걸 이시원

홈페이지 www.siwonschool.com
주소 서울시 영등포구 영신로 166 시원스쿨
교재 구입 문의 02)2014-8151
고객센터 02)6409-0878

ISBN 979-11-6150-849-8 10760
Number 1-521106-25259900-08

목차   CONTENTS

이 책의 구성 및 활용

미리 보는
여행 프랑스어 사전

급할 때 바로 찾아 말
할 수 있도록 단어와
문장을 가나다 사전식
으로 구성하였습니다.

상황별 단어

공항, 호텔, 식당 등 여
행지에서 자주 쓰는
어휘를 한눈에 보기
쉽게 정리하였습니다.

상황별 표현

여행에 꼭 필요한 필수
표현들만 엄선하여 수
록하였습니다. 프랑스
어를 몰라도 말하기가
가능하도록 한글 발음
을 표기하였습니다.

시원스쿨 여행 프랑스어만의 특별한 부록

테마별 단어 정리집 PDF

테마별 주요 단어들을 이미지
와 함께 PDF로 제공합니다.

프랑스 여행 정보 PDF

프랑스 여행과 관련된 다양한
정보들을 PDF로 제공합니다.

테마별 단어 정리집 PDF & 프랑스 여행 정보 PDF

시원스쿨 프랑스어(france.siwonschool.com)
홈페이지 ▶ 학습지원센터 ▶ 공부자료실에서
무료로 다운로드 가능합니다.

미리 보는
여행 프랑스어 사전

필요한 단어와 문장을 한글 순서로 제시하였습니다.
원하는 문장을 바로바로 찾아 말해 보세요.

ㅇ

ㅌ

빨리찾아

기내에서

01 좌석

siège
[씨에쥬]

- 당신 자리인가요?

에 쓰 보트흐 씨에쥬?
Est-ce votre siège ?

- 제 자리인데요.

쎄 몽 씨에쥬.
C'est mon siège.

- 제 자리 어딘가요?

우 쓰 트후브 마 쁠라쓰?
Où se trouve ma place ?

02 이거

ça
[싸]

- 이거 뭐예요?

께 스 끄 쎄?
Qu'est-ce que c'est ?

- 이거 가져다주세요.

아뽁떼 무아 싸, 씰 부 쁠레.
Apportez-moi ça, s'il vous plaît.

· 이거 안 돼요.　　　　　　싸 느 퐁씨온 빠.
　　　　　　　　　　　　　Ça ne fonctionne pas.

· 이거 치워 주세요.　　　　데바하쎄 싸, 씰 부 쁠레.
　　　　　　　　　　　　　Débarrassez ça, s'il vous plaît.

· 이거 바꿔주세요.　　　　　에셩제 무아 싸, 씰 부 쁠레.
　　　　　　　　　　　　　Echangez-moi ça, s'il vous plaît.

· 이거로 할게요.　　　　　　쥬 베 프헝드흐 싸.
　　　　　　　　　　　　　Je vais prendre ça.

03 안전벨트 ceinture de sécurité
[쌍뛰흐 드 쎄뀌히떼]

· 당신의 안전벨트를 매　　　아따셰 보트흐 쌍뛰흐 드 쎄뀌히
　세요.　　　　　　　　　　떼, 씰 부 쁠레.
　　　　　　　　　　　　　Attachez votre ceinture de
　　　　　　　　　　　　　sécurité, s'il vous plaît.

· 제 안전벨트가 헐렁해요.　마 쌍뛰흐 드 쎄뀌히떼 에 라슈.
　　　　　　　　　　　　　Ma ceinture de sécurité est
　　　　　　　　　　　　　lâche.

· 제 안전벨트가 타이트
해요.

마 쌍뛰흐 드 쎄뀌히떼 에 쎄헤.
Ma ceinture de sécurité est
serrée.

04 화장실 ♦|♠

toilettes
[뚜알레뜨]

· 화장실이 어디예요?

우 쏭 레 뚜알레뜨?
Où sont les toilettes ?

· 누가 화장실에 있나요?

야 띨 껠깡 덩 레 뚜알레뜨?
Y a-t-il quelqu'un dans les
toilettes ?

· 이거 화장실 줄인가요?

에 쓰 라 필 다떵뜨 뿌흐 레 뚜알레
뜨?
Est-ce la file d'attente pour les
toilettes ?

05 헤드폰

écouteurs
[에꾸뙤흐]

· 헤드폰 가져다주세요.

뾔 쥬 아부아흐 데 제꾸뙤흐, 씰 부 쁠레?
Puis-je avoir des écouteurs, s'il vous plaît ?

· 헤드폰이 안 되는데요.

메 제꾸뙤흐 느 퐁씨온 빠.
Mes écouteurs ne fonctionnent pas.

· 어디다 꽂아요?
(잭을 보여주며)

우 에 쓰 꽁 레 브헝슈?
Où est-ce qu'on les branche ?

· 저 이거 가져도 돼요?

뾔 쥬 레 갸흐데?
Puis-je les garder ?

06 불

lumière
[뤼미에흐]

· 불 어떻게 켜요?

꼬멍 뾔 쥬 알뤼메 라 뤼미에흐?
Comment puis-je allumer la lumière ?

· 불이 너무 밝아요.

라 뤼미에흐 에 트호 비브.
La lumière est trop vive.

· 불 좀 꺼주세요.

베이에 에땅드흐 라 뤼미에흐, 씰 부 쁠레.
Veuillez éteindre la lumière, s'il vous plaît.

07 냅킨

serviette
[쎄흐비에뜨]

· 냅킨 좀 주세요.

쀠 쥬 아부아흐 데 쎄흐비에뜨, 씰 부 쁠레?
Puis-je avoir des serviettes, s'il vous plaît ?

· 냅킨 좀 더 주세요.

쀠 쥬 아부아흐 쁠뤼쓰 드 세흐비에뜨, 씰 부 쁠레?
Puis-je avoir plus de serviettes, s'il vous plaît ?

08 마실 것 🥤

boisson
[부아쏭]

· 마실 거 좀 주세요.

뿨 쥐 아부아흐 껠끄 쇼즈 아 부아
흐, 씰 부 쁠레?
Puis-je avoir quelque chose à
boire, s'il vous plaît ?

· 물 좀 주세요.

앙 베흐 도, 실 부 쁠레.
Un verre d'eau, s'il vous plaît.

· 오렌지 주스 좀 주세요.

앙 쥐 도항쥬, 씰 부 쁠레.
Un jus d'orange, s'il vous plaît.

· 코카콜라 좀 주세요.

앙 꼬까, 씰 부 쁠레.
Un coca, s'il vous plaît.

· 커피 좀 주세요.

앙 까페, 씰 부 쁠레.
Un café, s'il vous plaît.

· 맥주 좀 주세요.

윈 비에흐, 씰 부 쁠레.
Une bière, s'il vous plaît.

· 와인 좀 주세요.

앙 베흐 드 방, 씰 부 쁠레.
Un verre de vin, s'il vous plaît.

· 샴페인 좀 주세요. 앙 베흐 드 셩빤뉴, 씰 부 쁠레.
Un verre de champagne, s'il vous plaît.

· 위스키 좀 주세요. 앙 베흐 드 위스끼, 씰 부 쁠레.
Un verre de wisky, s'il vous plaît.

TIP 적포도주는 vin rouge[방 후쥬], 백포도주는 vin blanc[방 블렁]

09 식사 repas
[흐빠]

· 식사가 언제인가요? 껠레 뢰흐 뒤 흐빠?
Quelle est l'heure du repas ?

· 식사가 뭐인가요? 까베 부 뿌흐 르 흐빠?
Qu'avez-vous pour le repas ?

· 식사 나중에 할게요. 쥬 프헝드헤 몽 흐빠 쁠뤼 따흐.
Je prendrais mon repas plus tard.

· 지금 저 식사할게요.

쥬 베 프헝드흐 몽 흐빠 망뜨넝.
Je vais prendre mon repas maintenant.

10 담요 ⊜

couverture
[꾸벡뛰흐]

· 저 담요 없어요.

쥬 네 빠 드 꾸벡뛰흐.
Je n'ai pas de couverture.

· 담요 가져다주세요.

쀠 쥬 아부아흐 윈 꾸벡뛰흐, 씰 부 쁠레?
Puis-je avoir une couverture, s'il vous plaît ?

· 저 담요 하나만 더 주세요.

쀠 쥬 아부아흐 윈 꾸벡뛰흐 엉 쁠 뤼쓰, 씰 부 쁠레?
Puis-je avoir une couverture en plus, s'il vous plaît ?

11 슬리퍼 chaussons
[쇼쏭]

· 슬리퍼 있어요?

아베 부 데 쇼쏭?
Avez-vous des chaussons ?

· 이 슬리퍼 불편해요.

쎄 쇼쏭 느 쏭 빠 꽁폭따블르.
Ces chaussons ne sont pas
confortables.

· 다른 슬리퍼 갖다주세요.

도네 무아 위노트흐 뻬흐 드 쇼쏭,
씰 부 쁠레.
Donnez-moi une autre paire de
chaussons, s'il vous plaît.

12 입국 신고서 carte d'entrée
[꺅뜨 덩트헤]

· 입국 신고서 작성 좀 도와
줘요.

뿌 베 부 메데 아 헝쁠리흐 쎄뜨 데
끌라하씨옹, 씰 부 쁠레?
Pouvez-vous m'aider à remplir
cette déclaration, s'il vous plaît ?

40

· 입국 신고서 한 장 더 줘요.
(신고서를 보여주면서)

뛰 쥬 어나부아흐 위노트흐, 씰 부
쁠레?
Puis-je en avoir une autre, s'il
vous plaît ?

13 세관 신고서 📋 déclaration douanière
[데끌라하씨옹 두아니에흐]

· 세관 신고서 작성 좀 도와
줘요.

뿌 베 부 메데 아 헝쁠리흐 쎄뜨 데
끌라하씨옹, 씰 부 쁠레?
Pouvez-vous m'aider à remplir
cette déclaration, s'il vous plaît ?

· 세관 신고서 한 장 더 줘요.
(신고서를 보여주면서)

뛰 쥬 어나부아흐 위노트흐, 씰 부
쁠레?
Puis-je en avoir une autre, s'il
vous plaît ?

14 펜 ✒

stylo
[스띨로]

· 펜 좀 빌려줘요.

뿨 쥬 엉프헝떼 앙 스띨로, 씰 부 쁠레?

Puis-je emprunter un stylo, s'il vous plaît ?

· 이 펜 안 나와요.

쓰 스띨로 느 막슈 빠.

Ce stylo ne marche pas.

· 다른 펜으로 주세요.

뿨 쥬 아부아흐 아노트흐 스띨로, 씰 부 쁠레?

Puis-je avoir un autre stylo, s'il vous laît ?

15 기내 면세품 produits exempts d'impôts

[프호뒤 제그정 당뽀]

· 기내 면세품 좀 보여줘요.

몽트헤 무아 레 프호뒤 제그정 당뽀, 씰 부 쁠레.
Montrez-moi les produits exempts 'impôts, s'il vous plaît.

· 신용카드 되나요?

악쎕떼 부 라 꺅뜨 드 크헤디?
Acceptez-vous la carte de crédit ?

· 달러 되나요?

악쎕떼 부 레 돌라흐?
Acceptez-vous les dollars ?

위급상황

· 저 두통 있는 것 같아요.　제 말 알라 떼뜨.
J'ai mal à la tête.

· 두통약 좀 주세요.　뛰 쥬 아부아흐 드 라스삐힌, 씰 부 쁠레?
Puis-je avoir de l'aspirine, s'il vous plaît ?

· 저 복통 있는 것 같아요.　제 말로 벙트흐.
J'ai mal au ventre.

· 복통약 좀 주세요.　뛰 쥬 아부아흐 데 꽁프히메 꽁트흐 르 말 드 벙트흐, 씰 부 쁠레?
Puis-je avoir des comprimés contre le mal de ventre, s'il vous plaît ?

· 저 어지러워요.　제 라 떼뜨 끼 뚠느.
J'ai la tête qui tourne.

· 저 아파요.　쥬 느 므 썽 빠 트헤 비앙.
Je ne me sens pas très bien.

· 저 (비행기) 멀미나요.　제 르 말 드 레흐.
J'ai le mal de l'air.

빨리찾아

09 ~하러 왔어요

je suis ici
[쥬 쒸 이씨]

10 ~에 묵을 거예요

je reste à/dans/chez
[쥬 헤스뜨 아/당/셰]

11 여기 ~동안 있을 거예요

je vais rester
[쥬 베 헤스떼]

12 수하물 찾는 곳

retrait des bagages
[흐트헤 데 바가쥬]

13 카트

chariot à bagages
[샤히오 아 바가쥬]

14 분실

perdu
[뻬흐뒤]

15 제 거예요

c'est à moi
[쎄따 무아]

16 신고하다

déclarer
[데끌라헤]

17	선물	cadeau [꺄도]
18	출구	sortie [쏙띠]
19	여행 안내소	centre d'information [썽트흐 당포흐마씨옹]
20	환전	échange de devises [에셩쥬 드 드비즈]
21	택시	taxi [딱씨]
22	셔틀버스	navette [나베뜨]
23	제일 가까운	le plus proche / la plus proche [르 쁠뤼 프호슈 / 라 쁠뤼 프호슈]

기내 30p   공항 46p   거리 68p   택시&버스 84p   전철&기차 98p

공항에서

01 게이트

porte d'embarquement
[뽀뜨 덩박끄멍]

· 제 게이트를 못 찾겠어요.

쥬 느 트후브 빠 마 뽀뜨 덩바끄멍.
Je ne trouve pas ma porte d'embarquement.

· 98번 게이트는 어디에 있어요?

우 쓰 트후브 라 뽀뜨 뇌프 위뜨?
Où se trouve la porte neuf huit ?

02 탑승

embarquement
[엉박끄멍]

· 탑승 언제 해요?

깡 꼬멍쓰 렁바끄멍?
Quand commence l'embarquement ?

· 탑승하려면 얼마나 기다
려요?

꽁비앙 드 떵 두아 똥 아떵드흐 아
벙 렁바끄멍?
Combien de temps doit-on
attendre avant l'embarquement ?

03 연착

retard
[흐따흐]

· 제 비행기 연착됐어요?

몽 볼 에 띨 흐따흐데?
Mon vol est-il retardé ?

· 왜 연착됐어요?

뿌꾸아 몽 볼 에 띨 흐따흐데?
Pourquoi mon vol est-il retardé ?

· 언제까지 기다려요?

쥐스까 껑 두아 똥 아떵드흐?
Jusqu'à quand doit-on attendre ?

04 다음 비행 편

prochain vol
[프호샹 볼]

· 다음 비행기는 그럼 언제
예요?

껑 떼 르 프호샹 볼?
Quand est le prochain vol ?

· 다음 비행 편은 어떤 항공
사예요?

껠레 라 꽁빠니 아에히엔 뒤 프호
샹 볼?
Quelle est la compagnie
aérienne du prochain vol ?

· 다음 비행 편은 얼마예요?

꽁비앙 꾸뜨 르 프호샹 볼?
Combien coûte le prochain vol ?

· 기다렸으니까 좌석 업그레
이드 해줘요.

제 트호 아떵뒤. 쀠 쥬 에트흐 쒸흐
끌라쎄?
J'ai trop attendu. Puis-je être
surclassé ?

05 면세점 `DFS`   magasin duty-free
[마가장 듀티 프히]

· 면세점 어디예요?

우 쓰 트후브 레 마가장 듀티 프히?
Où se trouvent les magasin
duty-free ?

· 면세점 멀어요?

에 쓰 끄 르 마가장 드 듀티 프히
에 루앙 디씨?
Est-ce que le magasin de duty-
free est loin d'ici ?

06 환승 ✈

escale
[에스깔]

· 저 환승 승객인데요.

쥬 쒸장 빠싸졔 어네스깔.
Je suis un passager en escale.

· 환승 라운지 어디예요?

우 쓰 트후브 르 꽁뚜아흐 뿌흐 레
제스깔?
Où se trouve le comptoir pour
les escales ?

· 경유해서 파리로 가요.

쥬 쒸 장빠싸졔 어네스깔 뿌흐 빠
히.
Je suis un passager en escale
pour Paris.

07 왕복 티켓

billet aller-retour
[비에 알레 흐뚜흐]

· 왕복 티켓 보여주세요.

몽트헤 무아 보트흐 비에, 씰 부 쁠레.
Montrez-moi votre billet, s'il vous plaît.

· 왕복 티켓 있으세요?

아베 부 보트흐 비에?
Avez-vous votre billet ?

· 네. 여기 제 왕복 티켓이요.

위. 부아씨 몽 비에.
Oui. Voici mon billet.

08 출입국 관리소

service de la douane et de l'immigration
[쎄흐비쓰 들라 두안 에 드 리미그하씨옹]

· 출입국 관리소 어디로 가요?

우 쓰 트후브 라 두안 에 리미그하씨옹?
Où se trouve la douane et l'immigration ?

· 입국 심사대 어디로 가요?　　우 쓰 트후브 르 뽀스뜨 드 꽁트홀
　　　　　　　　　　　　　　들라 두안?
　　　　　　　　　　　　　　Où se trouve le poste de
　　　　　　　　　　　　　　contrôle de la douane ?

09　~하러 왔어요 ⁀? je suis ici
　　　　　　　　　　　　[쥬 쒸 이씨]

· 휴가 보내러 왔어요.　　　　쥬 쒸 이씨 엉 바깡쓰.
　　　　　　　　　　　　　　Je suis ici en vacances.

· 출장 때문에 왔어요.　　　　쥬 쒸 이씨 엉 부아야쥬 다페흐.
　　　　　　　　　　　　　　Je suis ici en voyage d'affaires.

· 관광하러 왔어요.　　　　　쥬 쒸 이씨 뿌흐 페흐 뒤 뚜히즘.
　　　　　　　　　　　　　　Je suis ici pour faire du
　　　　　　　　　　　　　　tourisme.

10 ~에 묵을 거예요

je reste à/dans/ chez
[쥬 헤스뜨 아/당/셰]

· 호텔에 묵을 거예요.

쥬 헤스뜨 당저노뗄.
Je reste dans un hôtel.

· 게스트 하우스에 묵을 거예요.

쥬 헤스뜨 당쥔 메종 도뜨.
Je reste dans une maison d'hôtes.

· 친척 집에 묵을 거예요.

쥬 헤스뜨 셰 데 프호슈.
Je reste chez des proches.

11 여기 ~ 동안 있을 거예요

je vais rester
[쥬 베 헤스떼]

· 3일 동안 있을 거예요.

쥬 베 헤스떼 트후아 쥬흐.
Je vais rester trois jours.

· 1주일 동안 있을 거예요.

쥬 베 헤스떼 윈 쓰멘.
Je vais rester une semaine.

· 2주일 동안 있을 거예요.　　쥬 베 헤스떼 두 쓰멘.
　　　　　　　　　　　　　　　Je vais rester deux semaines.

· 한 달 동안 있을 거예요.　　쥬 베 헤스떼 앙 무아.
　　　　　　　　　　　　　　　Je vais rester un mois.

TIP　1 un [앙], 2 deux [두], 3 trois [트후아], 4 quatre [꺄트흐], 5 cinq [쌍끄],
6 six [씨쓰], 7 sept [쎄뜨], 8 huit [위뜨], 9 neuf [뇌프], 10 dix [디쓰]

12　수하물 찾는 곳 retrait des bagages
[흐트헤 데 바가쥬]

· 수하물 어디서 찾아요?　　우 에 쓰 끄 쥬 헤뀨뻬흐 몽 바가쥬?
　　　　　　　　　　　　　　　Où est-ce que je récupère mon
　　　　　　　　　　　　　　　bagage ?

· 수하물 찾는 곳이 어디　　　우 쓰 트후브 르 흐트헤 데 바갸
예요?　　　　　　　　　　　　쥬?
　　　　　　　　　　　　　　　Où se trouve le retrait des
　　　　　　　　　　　　　　　bagages ?

· 수하물 찾는 곳으로 데려 가 주세요.

뿌베 부 마꽁빠녜 쥐스꼬 흐트헤 데 바갸쥬, 씰 부 쁠레?
Pouvez-vous m'accompagner jusqu'au retrait des bagages, s'il vous plaît ?

공항

13 카트 🛒

chariot à bagages
[샤히오 아 바갸쥬]

· 카트 어딨어요?

우 쏭 레 샤히오 아 바갸쥬?
Où sont les chariots à bagages ?

· 카트 공짜예요?

레 샤히오 아 바갸쥬 쏭 띨 그하뛰?
Les chariots à bagages sont-ils gratuits ?

· 카트 고장났나 봐요.

르 샤히오 느 퐁씨온 빠.
Le chariot ne fonctionne pas.

· 카트가 없는데요.

일 냐 빠 드 샤히오 아 바갸쥬.
Il n'y a pas de chariots à bagages.

호텔 116p   식당 150p   관광 184p   쇼핑 212p   귀국 234p

14 분실

perdu
[뻬흐뒤]

· 제 짐이 없는데요.

져 뻬흐뒤 몽 바갸쥬.
J'ai perdu mon bagage.

· 제 짐이 안 나왔어요.

몽 바갸쥬 네 빠 자히베.
Mon bagage n'est pas arrivé.

· 제 짐을 분실했나 봐요.

쥬 뻥쓰 아부아 뻬흐뒤 몽 바갸쥬.
Je pense avoir perdu mon
bagage.

15 제 거예요

c'est à moi
[쎄따 무아]

· 이 캐리어 제 거예요.

쎄뜨 발리즈 에따 무아.
Cette valise est à moi.

· 이 카트 제 거예요.

쓰 샤히오 에따 무아.
Ce chariot est à moi.

16 신고하다

déclarer
[데끌라헤]

· 신고할 물건 없어요.

쥬 네 히앙 아 데끌라헤.
Je n'ai rien à déclarer.

· 신고할 물건 있어요.

제 껠끄 쇼즈 아 데끌라헤.
J'ai quelque chose à déclarer.

· 신고하려면 어디로 가죠?

우 에 쓰 끄 쥬 두아 데끌라헤?
Où est-ce que je dois déclarer ?

17 선물

cadeau
[꺄도]

· 이건 선물할 거예요.

쎄땅 꺄도.
C'est un cadeau.

· 이건 선물 받은 거예요.

제 흐쒸 싸 꼼 꺄도.
J'ai reçu ça comme cadeau.

· 선물로 산 거예요.

제 아슈떼 싸 꼼 꺄도.
J'ai acheté ça comme cadeau.

18 출구

sortie
[쏙띠]

· 출구 어디예요?

우 에 라 쏙띠?
Où est la sortie ?

· 출구는 어느 쪽이에요?

빠흐 우 에 라 쏙띠?
Par où est la sortie ?

· 출구를 못 찾겠어요.

쥬 느 트후브 빠 라 쏙띠.
Je ne trouve pas la sortie.

· 출구로 데려다주세요.

뿌베 부 마꽁빠녜 쥐스꺄 라 쏙띠,
씰 부 쁠레?
Pouvez-vous m'accompagner
jusqu'à la sortie, s'il vous plaît ?

19 여행 안내소 centre d'information
[썽트흐 당포흐마씨옹]

· 여행 안내소 어디예요?	우 쓰 트후브 르 썽트흐 당포흐마씨옹? Où se trouve le centre d'informations ?
· 여행 안내소로 데려다 주세요.	뿌베 부 마꽁빠녜 쥐스꼬 썽트흐 당포흐마씨옹, 씰 부 쁠레? Pouvez-vous m'accompagner jusqu'au centre d'informations, s'il vous plaît ?
· 지도 좀 주세요.	쀠 쥬 아부아흐 윈 꺅뜨, 씰 부 쁠레? Puis-je avoir une carte, s'il vous plaît ?
· 한국어 지도 있어요?	아베 부 윈 꺅뜨 엉 꼬헤앙? Avez-vous une carte en coréen ?

20 환전

échange de devises
[에성쥬 드 드비즈]

· 환전하는 데 어디예요?

우 쓰 트후브 르 꽁뚜아흐 데성쥬 드 드비즈?
Où se trouve le comptoir d'échange de devises ?

· 환전하는 데 데려다주세요.

뿌베 부 마꽁빠녜 쥐스꼬 꽁뚜아흐 데성쥬 드 드비즈, 씰 부 쁠레?
Pouvez-vous m'accompagner jusqu'au comptoir d'échange de devises, s'il vous plaît ?

· 환전하려고 하는데요.

제므헤 에성제 드 라흐정.
J'aimerais échanger de l'argent.

· 잔돈으로 주세요.

엉 쁘띠뜨 꾸쀠흐, 씰 부 쁠레.
En petites coupures, s'il vous plaît.

21 택시 🚕

taxi
[딱씨]

· 택시 어디서 탈 수 있어요?
우 쀠 쥬 트후베 앙 딱씨?
Où puis-je trouver un taxi ?

· 택시 타는 데 데려다주세요.
뿌베 부 마꽁빠녜 쥐스꺄 라 스따씨옹 드 딱씨, 씰 부 쁠레?
Pouvez-vous m'accompagner jusqu'à la station de taxi, s'il vous plaît ?

· 택시 타면 비싼가요?
르 딱씨 에 띨 셰흐?
Le taxi est-il cher ?

· 택시 타고 시내 가려고요.
쥬 베 오 썽트흐빌 엉 딱씨.
Je vais au centre-ville en taxi.

· 택시 대신 뭐 탈 수 있어요?
쀠 쥬 위띨리제 오트흐 쇼즈 끄 르 딱씨?
Puis-je utiliser autre chose que le taxi ?

---

22 셔틀버스

navette
[나베뜨]

· 셔틀버스 어디서 타요?

우 쀠 쥬 프헝드흐 윈 나베뜨?
Où puis-je prendre une navette ?

· 셔틀버스 몇 시에 출발해요?

아 껠 뢰흐 빠흐 라 나베뜨?
A quelle heure part la navette ?

· 이 셔틀버스 시내 가요?

에 쓰 끄 라 나베뜨 쓰 헝 오 썽트 흐빌?
Est-ce que la navette se rend au centre-ville ?

· 셔틀버스 얼마예요?

꽁비앙 꾸뜨 라 나베뜨?
Combien coûte la navette ?

> **TIP** 셔틀버스 티켓은 정류장 주변에 있는 발권기 혹은 운전기사에게 직접 구매할 수 있다.

23 제일 가까운 ↔ le/la plus proche
[르/라 쁠뤼 프호슈]

· 가까운 호텔이 어디죠?
우 에 로뗄 르 쁠뤼 프호슈?
Où est l'hôtel le plus proche ?

· 가까운 레스토랑이 어디죠?
우 에 르 헤스또헝 르 쁠뤼 프호슈?
Où est le restaurant le plus proche ?

· 가까운 카페가 어디죠?
우 에 르 까페 르 쁠뤼 프호슈?
Où est le café le plus proche ?

· 가까운 화장실이 어디죠?
우 쏭 레 뚜알레뜨 레 쁠뤼 프호슈?
Où sont les toilettes les plus proches ?

· 가까운 지하철역이 어디죠?
우 에 라 스따씨옹 드 메트호 라 쁠뤼 프호슈?
Où est la station de métro la plus proche ?

위급상황

· 인터넷 쓸 수 있는 데 있
어요?

우 에 쓰 끄 쥬 뿌 위띨리제 앙떼흐넷?
Où est-ce que je peux utiliser
Internet ?

· 와이파이 터지는 데 있
어요?

우 에 쓰 끄 쥬 뿌 위띨리제 라 위피?
Où est-ce que je peux utiliser la
WIFI ?

· 현금 지급기 어딨어요?

우 에 쓰 낄 야 앙 디스트히뷔뙤흐?
Où est-ce qu'il y a un distributeur ?

· 편의점 어딨어요?

우 에 라 쒸뻬헤뜨, 씰 부 쁠레?
Où est la supérette, s'il vous plaît ?

· 약국 어딨어요?

우 에 라 파흐마씨, 씰 부 쁠레?
Où est la pharmacie, s'il vous plaît ?

· 흡연 구역 어디예요?

우 쓰 트후브 라 존 퓌뫼흐?
Où se trouve la zone fumeur ?

TIP 무료 인터넷은 WIFI gratuit [위피 그하뛰]

빨리찾아

08	구역	**pâté** [빠떼]
09	거리	**rue** [휘]
10	모퉁이	**coin** [꾸앙]
11	골목	**rue** [휘]
12	얼마나 걸려요	**combien de temps** [꽁비앙 드 떵]
13	고마워요	**merci** [멕씨]

거리에서

01 어딨어요 ?

où est
[우 에]

- 여기 어딨어요?

  우 에 쓰 끄 세?
  Où est-ce que c'est ?

- 이 레스토랑 어딨어요?

  우 에 쓰 헤스또헝?
  Où est ce restaurant ?

- 이 백화점 어딨어요?

  우 에 쓰 그헝 마가장?
  Où est ce grand magasin ?

- 박물관 어딨어요?

  우 에 쓰 뮈제?
  Où est ce musée ?

- 미술관 어딨어요?

  우 에 쎄뜨 걀르히 다흐?
  Où est cette galerie d'art ?

- 버스 정류장 어딨어요?

  우 에 라헤 드 뷔스?
  Où est l'arrêt de bus ?

- 지하철역 어딨어요?

  우 에 라 스따씨옹 드 메트호?
  Où est la station de métro ?

· 택시 정류장 어딨어요?

우 에 라 스따씨옹 드 딱씨?
Où est la station de taxi ?

02 어떻게 가요 comment je peux aller

[꼬멍 쥬 뿌 알레]

· 여기 어떻게 가요?

꼬멍 쥬 뿌 알레 이씨?
Comment je peux aller ici ?

· 저기 어떻게 가요?

꼬멍 쥬 뿌 알레 라?
Comment je peux aller là ?

· 이 건물 어떻게 가요?

꼬멍 쥬 뿌 알레 아 쎄 띠뫼블르?
Comment je peux aller à cet immeuble ?

· 이 레스토랑 어떻게 가요?

꼬멍 쥬 뿌 알레 아 쓰 헤스또헝?
Comment je peux aller à ce restaurant ?

· 이 박물관 어떻게 가요?　　꼬멍 쥬 뿌 알레 아 쓰 뮈제?

Comment je peux aller à ce musée ?

· 버스 정류장 어떻게 가요?　　꼬멍 쥬 뿌 알레 아 라헤 드 뷔스?

Comment je peux aller à l'arrêt de bus ?

· 지하철역 어떻게 가요?　　꼬멍 쥬 뿌 알레 알라 스따씨옹 드 메트호?

Comment je peux aller à la station de métro ?

· 택시 정류장 어떻게 가요?　　꼬멍 쥬 뿌 알레 알라 스따씨옹 드 딱씨?

Comment je peux aller à la station de taxi ?

03 찾다 🔍 chercher
[셱셰]

· 저 여기 찾아요.　　쥬 셱슈 쎄 떵드후아.

Je cherche cet endroit.

· 이 주소 찾아요.	쥬 셰슈 쎄 따드헤쓰.
	Je cherche cette adresse.
· 레스토랑 찾아요.	쥬 셰슈 앙 헤스또헝.
	Je cherche un restaurant.
· 버스 정류장 찾아요.	쥬 셰슈 라헤 드 뷔스.
	Je cherche l'arrêt de bus.
· 택시 정류장 찾아요.	쥬 셰슈 라 스따씨옹 드 딱씨.
	Je cherche la station de taxi.
· 지하철역 찾아요.	쥬 셰슈 라 스따씨옹 드 메트호.
	Je cherche la station de métro.

거리

04 길 🔊

chemin
[슈망]

· 이 길이 맞아요?	에 쓰 르 봉 슈망?
	Est-ce le bon chemin ?
· 길 좀 알려줄 수 있어요?	뿌베 부 망디께 르 슈망, 씰 부 쁠레?
	Pouvez-vous m'indiquer le
	chemin, s'il vous plaît ?

호텔 116p   식당 150p   관광 184p   쇼핑 212p   귀국 234p

· 이 방향이 맞아요?

에 쓰 라 본 디헥씨옹?
Est-ce la bonne direction ?

· 이 길이 아닌 것 같아요.

쥬 뺑쓰 끄 쎄 르 모베 슈망.
Je pense que c'est le mauvais
chemin.

05 주소

adresse
[아드헤쓰]

· 이 주소 어디예요?

우 쓰 트후브 쎄 따드헤쓰?
Où se trouve cette adresse ?

· 이 주소로 어떻게 가요?

꼬멍 쥬 뿌 알레 아 쎄 따드헤쓰?
Comment je peux aller à cette
adresse ?

· 이 주소 아세요?

꼬네쎄 부 쎄 따드헤쓰?
Connaissez-vous cette adresse ?

· 이 주소로 데려다주세요.

뿌베 부 마꽁빠녜 아 쎄 따드헤쓰,
씰 부 쁠레?
Pouvez-vous m'accompagner à
cette adresse, s'il vous plaît ?

06 오른쪽

droite
[드후아뜨]

· 오른쪽으로 가요.

뚜흐네 아 드후아뜨.
tournez à droite.

· 오른쪽 모퉁이를 돌아요.

뚜흐네 오 꾸앙 아 드후아뜨.
Tournez au coin à droite.

· 오른쪽으로 계속 가요.

꽁띠뉘에 쒸흐 라 드후아뜨.
Continuez sur la droite.

· 오른쪽 건물이에요.

쎄 르 바띠멍 아 드후아뜨.
C'est le bâtiment à droite.

거리

07 왼쪽

gauche
[고슈]

· 왼쪽으로 가요.

뚜흐네 아 고슈.
Tournez à gauche.

· 왼쪽 모퉁이를 돌아요.

뚜흐네 오 꾸앙 아 고슈.
Tournez au coin à gauche.

· 왼쪽으로 계속 가요.　　　　　꽁띠뉴에 쒸흐 라 고슈.
　　　　　　　　　　　　　　　Continuez sur la gauche.

· 왼쪽 건물이에요.　　　　　　쎄 르 바띠멍 아 고슈.
　　　　　　　　　　　　　　　C'est le bâtiment à gauche.

08 구역 P

pâté
[빠떼]

· 이 구역을 돌아서 가요.　　　페뜨 르 뚜흐 드 쓰 빠떼.
　　　　　　　　　　　　　　　Faites le tour de ce pâté.

· 두 개 더 가야 돼요.　　　　부 드베 알레 두 빠떼 엉 쁠뤼스.
　　　　　　　　　　　　　　　Vous devez aller deux pâtés en
　　　　　　　　　　　　　　　plus.

· 하나 더 가야 돼요.　　　　　부 드베 알레 앙 빠떼 쒸쁠레멍떼흐.
　　　　　　　　　　　　　　　Vous devez aller un pâté
　　　　　　　　　　　　　　　supplémentaire.

· 이 구역을 따라 쭉 내려가요.　꽁띠뉘에 뚜 드후아 엉 쒸벙 쓰 빠
　　　　　　　　　　　　　　　떼.
　　　　　　　　　　　　　　　Continuez tout droit en suivant
　　　　　　　　　　　　　　　ce pâté.

· 그 빌딩은 다음 구역에 있 르 바띠멍 쓰 트후브 오 프호샹 빠
  어요.   떼.
                              Le bâtiment se trouve au
                              prochain pâté.

09 거리 🛍️

rue
[휘]

· 빅토르 위고 거리 어디예요? 쥬 셱슈 라 휘 빅또흐 위고.
                              Je cherche la rue Victor-Hugo.

· 빅토르 위고 거리로 데려   뿌베 부 마꽁빠녜 알라 휘 빅또흐
  다 줘요.   위고, 씰 부 쁠레?
                              Pouvez-vous m'accompagner
                              à la rue Victor-Hugo, s'il vous
                              plaît ?

· 이 거리를 따라 쭉 내려가요. 꽁띠뉘에 뚜 드후아 덩 쎄뜨 휘.
                              Continuez tout droit dans cette
                              rue.

· 이 다음 거리에 있어요.   쎄 라 프호셴 휘.
                              C'est la prochaine rue.

10 모퉁이

coin
[꾸앙]

- 이 모퉁이를 돌면 있어요.

  쎄 또 꾸앙 들라 휘.
  C'est au coin de la rue.

- 여기 돌면 이 건물이 있어요?

  쓰 바띠멍 쓰 트후브 띨 오 꾸앙 들라 휘?
  Ce bâtiment se trouve-t-il au coin de la rue ?

- 여기 말고 다음 거 가셔야 돼요.

  빠 쓰뤼 라, 오 프호샹 꾸앙 들라 휘.
  Pas celui-là, au prochain coin de la rue.

11 골목

rue
[휘]

- 이 골목으로 들어가요?

  두아 쥬 알레 덩 쎄뜨 휘?
  Dois-je aller dans cette rue ?

- 이 골목으로 들어가요.

  알레 덩 쎄뜨 휘.
  Allez dans cette rue.

· 이 골목은 아니에요.　　　　쓰 네 빠 쎄뜨 휘.
　　　　　　　　　　　　　　　Ce n'est pas cette rue.

· 다음 골목이에요.　　　　　쎄 라 프호셴 휘.
　　　　　　　　　　　　　　　C'est la prochaine rue.

· 이 골목은 위험해요.　　　　쎄뜨 휘 에 당쥬후즈.
　　　　　　　　　　　　　　　Cette rue est dangereuse.

12 얼마나 걸려요 ⊙? combien de temps
[꽁비앙 드 떵]

· 여기서 얼마나 걸려요?　　　꽁비앙 드 떵 싸 프헝 디씨?
　　　　　　　　　　　　　　　Combien de temps ça prend
　　　　　　　　　　　　　　　d'ici ?

· 걸어서 얼마나 걸려요?　　　꽁비앙 드 떵 싸 프헝 아 삐에?
　　　　　　　　　　　　　　　Combien de temps ça prend à
　　　　　　　　　　　　　　　pied ?

· 버스로 얼마나 걸려요?　　　꽁비앙 드 떵 싸 프헝 엉 뷔스?
　　　　　　　　　　　　　　　Combien de temps ça prend en
　　　　　　　　　　　　　　　bus ?

· 지하철로 얼마나 걸려요?　　꽁비앙 드 떵 싸 프헝 엉 메트호?

Combien de temps ça prend en métro ?

· 택시로 얼마나 걸려요?　　꽁비앙 드 떵 싸 프헝 엉 딱씨?

Combien de temps ça prend en taxi ?

13 고마워요 🙂　　merci
[멕씨]

· 고마워요.　　멕씨.

Merci.

· 도와줘서 고마워요.　　멕씨 드 보트흐 에드.

Merci de votre aide.

위급상황

거리

01	길 잃은	**perdu** [뻬흐뒤]
02	도둑맞은	**volé** [볼레]
03	공중화장실	**toilettes publiques** [뚜알레뜨 쀠블리끄]
04	저 돈 없어요	**Je n'ai pas d'argent.** [쥬 네 빠 다흐졍.]

· 저(남성) 길을 잃었어요.　　쥬 므 쒸 뻬흐뒤.
　　　　　　　　　　　　　　Je me suis perdu.

· 저(여성) 길을 잃었어요.　　쥬 므 쒸 뻬흐뒤.
　　　　　　　　　　　　　　Je me suis perdue.

· 저(남성) 여행객인데,　　　쥬 쒸 장 뚜히스뜨. 뿌베 부 메데, 씰
　도와주세요.　　　　　　　부 블레?
　　　　　　　　　　　　　　Je suis un touriste. Pouvez-vous
　　　　　　　　　　　　　　m'aider, s'il vous plaît ?

· 저(여성) 여행객인데,　　　쥬 쒸 쥔 뚜히스뜨. 뿌베 부 메데, 씰
　도와주세요.　　　　　　　부 블레?
　　　　　　　　　　　　　　Je suis une touriste. Pouvez-vous
　　　　　　　　　　　　　　m'aider, s'il vous plaît ?

· 소매치기 당했어요!　　　　옹 마 볼레 모 나흐졍!
　　　　　　　　　　　　　　On m'a volé mon argent !

· 경찰 불러줘요!　　　　　　아쁠레 라 뽈리씨!
　　　　　　　　　　　　　　Appelez la police !

· 공중화장실 어디 있나요?　우 쏭 레 뚜알레뜨 쀠블리끄?
　　　　　　　　　　　　　Où sont les toilettes publiques ?

· 화장실 좀 써도 되나요?　뿨 쥬 위띨리제 보 뚜알레뜨, 씰 부
　　　　　　　　　　　　　쁠레?
　　　　　　　　　　　　　Puis-je utiliser vos toilettes, s'il
　　　　　　　　　　　　　vous plaît ?

· 저 돈 없어요.　　　　　　쥬 네 빠 다흐정.
　　　　　　　　　　　　　Je n'ai pas d'argent.

거리

빨리찾아

택시
&
버스

택시와 버스에서

01 택시 정류장 station de taxi
[스따씨옹 드 딱씨]

· 택시 정류장 어디예요?

우 쓰 트후브 라 스따씨옹 드 딱씨?
Où se trouve la station de taxi ?

· 택시 정류장이 가까워요?

라 스따씨옹 드 딱씨 에 뗄 프호슈?
La station de taxi est-elle proche ?

· 택시 어디서 탈 수 있어요?

우 에 쓰 끄 쥬 뿌 프헝드흐 앙 딱씨?
Où est-ce que je peux prendre
un taxi ?

· 택시 정류장 걸어갈 수 있어요?

에 쓰 끄 쥬 뿌 막셰 알라 스따씨옹
드 딱씨?
Est-ce que je peux marcher à la
station de taxi ?

02 ~로 가주세요 allez à
[알레 아]

· 여기로 가주세요.
알레 이씨, 씰 부 쁠레.
Allez ici, s'il vous plaît.

· 이 주소로 가주세요.
알레 아 쎄 따드헤쓰, 씰 부 쁠레.
Allez à cette adresse, s'il vous plaît.

· 이 호텔로 가주세요.
알레 아 쎄 또뗄, 씰 부 쁠레.
Allez à cet hôtel, s'il vous plaît.

· 이 박물관으로 가주세요.
알레 아 쓰 뮤제, 씰 부 쁠레.
Allez à ce musée, s'il vous plaît.

· 이 공원으로 가주세요.
알레 아 쓰 빡끄, 씰 부 쁠레.
Allez à ce parc, s'il vous plaît.

· 시내로 가주세요.
오 썽트흐 빌, 씰 부 쁠레.
Au centre-ville, s'il vous plaît.

· 오를리 공항으로 가주세요.
아 라헤오뽀흐 오흘리, 씰 부 쁠레.
A l'aéroport Orly, s'il vous plaît.

택시 & 버스

호텔 116p   식당 150p   관광 184p   쇼핑 212p   귀국 234p

03 주소

adresse
[아드헤쓰]

· 이 주소 어딘지 아세요?

꼬네쎄 부 쎄 따드헤쓰?
Connaissez-vous cette adresse ?

· 이 주소에서 가까운 데로 가주세요.

알레 오 쁠뤼 프호슈 드 쎄 따드헤쓰, 씰 부 쁠레.
Allez au plus proche de cette adresse, s'il vous plaît.

04 요금

tarif
[따히프]

· 요금이 얼마예요?

르 따히프 에 드 꽁비앙?
Le tarif est de combien ?

· 요금 얼마 드려야 되죠?

꽁비앙 쥬 부 두아?
Combien je vous dois ?

· 현금으로 할게요.

쥬 베 뻬이에 어 네스뻬쓰.
Je vais payer en espèces.

05 트렁크

coffre
[꼬프흐]

· 트렁크 열어주세요.

뿌베 부 우브히흐 르 꼬프흐, 씰 부
쁠레?
Pouvez-vous ouvrir le coffre, s'il
vous plaît ?

· 트렁크 안 열려요.

르 꼬프흐 느 쑤브흐 빠.
Le coffre ne s'ouvre pas.

· 이거 넣는 것 좀 도와주세요.

뿌베 부 메데 아 메트흐 쓸라?
Pouvez-vous m'aider à mettre
cela ?

· 이거 내리는 것 좀 도와주
세요.

뿌베 부 메데 아 흐띠헤 쓸라?
Pouvez-vous m'aider à retirer
cela ?

· 팁 드릴게요.

쥬 베 부 도네 앙 뿌흐부아흐.
Je vais vous donner un
pourboire.

택시
&
버스

06 세워주세요 arrêtez-vous
[아헤떼 부]

· 여기서 세워주세요.

아헤떼 부 이씨, 씰 부 쁠레.
Arrêtez-vous ici, s'il vous plaît.

· 횡단보도에서 세워주세요.

아헤떼 부 오 빠싸쥬 삐에똥, 씰 부 쁠레.
Arrêtez-vous au passage piéton, s'il vous plaît.

· 모퉁이 돌아서 세워주세요.

아헤떼 부 오 꾸앙, 씰 부 쁠레.
Arrêtez-vous au coin, s'il vous plaît.

· 한 구역 더 가서 세워주세요.

아헤떼 부 오 프호샹 빠떼, 씰 부 쁠레.
Arrêtez-vous au prochain pâté, s'il vous plaît.

· 입구에 가서 세워주세요.

아헤떼 부 아 렁트헤, 씰 부 쁠레.
Arrêtez-vous à l'entrée, s'il vous plaît.

07 잔돈

monnaie
[모네]

- 잔돈은 됐어요.

갸흐데 라 모네.
Gardez la monnaie.

- 잔돈 왜 안 줘요?

쀠 쥬 아부아 마 모네, 씰 부 쁠레?
Puis-je avoir ma monnaie, s'il
vous plaît ?

- 동전으로 주세요.

쀠 쥬 아부아 들라 모네, 씰 부 쁠
레?
Puis-je avoir de la monnaie, s'il
vous plaît ?

택시
&
버스

08 버스 정류장

arrêt de bus
[아헤 드 뷔스]

- 버스 정류장 어디예요?

우 에 라헤 드 뷔스?
Où est l'arrêt de bus ?

- 버스 정류장 가까워요?

에 쓰 끄 라헤 드 뷔스 에 프호슈?
Est-ce que l'arrêt de bus est
proche ?

호텔 116p   식당 150p   관광 184p   쇼핑 212p   귀국 234p

· 버스 정류장 걸어갈 수 있어요?

뛰 쥬 막셰 쥐스꺄 라헤 드 뷔스?
Puis-je marcher jusqu'à l'arrêt de bus ?

09 ~행 버스

bus pour
[뷔스 뿌흐]

· 이거 시내 가는 버스예요?

에 쓰 르 뷔스 뿌흐 르 썽트흐 빌?
Est-ce le bus pour le centre-ville ?

· 이거 오를리 공항 가는 버스예요?

에 쓰 르 뷔스 뿌흐 라에호뽀흐 오흘리?
Est-ce le bus pour l'aéroport Orly ?

· 이거 지하철역 가는 버스예요?

에 쓰 르 뷔스 뿌흐 라 스따씨옹 드 메트호?
Est-ce le bus pour la station de métro ?

10 반대쪽

l'autre côté
[로트흐 꼬떼]

· 반대쪽에서 타야 됩니다.
부 드베 알레 드 로트흐 꼬떼.
Vous devez aller de l'autre côté.

· 반대쪽으로 가려면 어디로 가요?
꼬멍 쀠 쥬 므 헝드흐 드 로트흐 꼬떼?
Comment puis-je me rendre de l'autre côté ?

· 반대쪽 버스가 시내에 가요?
에 쓰 끄 르 뷔스 덩 로트흐 썽쓰 바 오 썽트흐 빌?
Est-ce que le bus dans l'autre sens va au centre-ville ?

택시 & 버스

11 기다리다 ✋

attendre
[아떵드흐]

· 얼마나 기다려요?
꽁비앙 드 떵 두아 쥬 아떵드흐?
Combien de temps dois-je attendre ?

· 오래 기다려야 돼요?

두아 쥬 아떵드흐 롱떵?
Dois-je attendre longtemps ?

· 10분 기다리세요.

부 드베 아떵드흐 디 미뉘뜨.
Vous devez attendre 10 minutes.

· 기다리지 마세요. 여기 안 와요.

나떵데 빠. 르 뷔스 느 빠쓰 빠 이씨.
N'attendez pas. Le bus ne passe pas ici.

12 환승

changement
[성쥬멍]

· 어디서 환승해요?

우 두아 쥬 페흐 르 성쥬멍?
Où dois-je faire le changement ?

· 몇 번으로 환승해요?

껠 뷔스 두아 쥬 프헝드흐 아프헤?
Quel bus dois-je prendre après ?

13 내려요

descendre
[데썽드흐]

· 저 여기서 내려요.
쥬 베 데썽드흐 이씨.
Je vais descendre ici.

· 저 어디서 내려요?
우 두아 쥬 데썽드흐?
Où dois-je descendre ?

· 여기서 내리는 거 맞아요?
두아 쥬 데썽드흐 이씨?
Dois-je descendre ici ?

· 내려야 할 때 알려주세요.
디뜨 무아 껑 데썽드흐, 씰 부 쁠레.
Dites-moi quand descendre, s'il
vous plaît.

택시
&
버스

14 정거장

arrêt
[아헤]

· 몇 정거장 가야 돼요?
뼁덩 꽁비앙 다헤 두아 쥬 알레?
Pendant combien d'arrêts dois-
je aller ?

· 이번 정거장에서 내리나요?
두아 쥬 데썽드흐 아 쎄 따헤?
Dois-je descendre à cet arrêt ?

위급상황

01 문
porte
[뽁뜨]

02 돌아가다
faire un détour
[페흐 앙 데뚜흐]

03 못 내렸어요
j'ai raté
[졔 하떼]

· 문 좀 열어주세요.　　라 뽁뜨, 씰 부 쁠레.
　　　　　　　　　　　　La porte, s'il vous plaît.

· 문이 안 열려요.　　　라 뽁뜨 느 쑤브흐 빠.
　　　　　　　　　　　　La porte ne s'ouvre pas.

· 문이 안 닫혔어요.　　라 뽁뜨 네 빠 페흐메.
　　　　　　　　　　　　La porte n'est pas fermée.

택시
&
버스

· 왜 돌아가요?　　　　뿍꾸아 프흐네 부 앙 데뚜흐?
　　　　　　　　　　　　Pourquoi prenez-vous un détour ?

· 돌아가는 거 같은데요!　부 프흐네 앙 데뚜흐!
　　　　　　　　　　　　Vous prenez un détour !

· 저 못 내렸어요!　　　제 하떼 모 나헤!
　　　　　　　　　　　　J'ai raté mon arrêt !

· 여기서 내려야 되는데!　쥬 두아 데썽드흐 이씨!
　　　　　　　　　　　　Je dois descendre ici !

· 세워줘요!　　　　　　아헤떼 부, 씰 부 쁠레!
　　　　　　　　　　　　Arrêtez-vous, s'il vous plaît !

빨리찾아

09	편도	**aller simple** [알레 쌍쁠르]
10	왕복	**aller-retour** [알레 흐뚜흐]
11	~로 가는 표	**ticket pour** [띠께 뿌흐]
12	승강장	**quai** [께]
13	환승	**correspondance** [꼬헤스뽕덩쓰]
14	식당 칸	**cafétéria à bord** [까페떼히아 아 보흐]
15	일반석	**classe économique** [끌라쓰 에꼬노미끄]
16	1등석	**première classe** [프흐미에흐 끌라쓰]

전철
&
기차

호텔 116p   식당 150p   관광 184p   쇼핑 212p   귀국 234p

전철과 기차에서

01 지하철역 🚇   arrêt de métro
[아헤 드 메트호]

· 지하철역 어디예요?
> 우 쓰 트후브 라헤 드 메트호?
> Où se trouve l'arrêt de métro ?

· 지하철역 어떻게 가요?
> 꼬멍 쥬 뿌 알레 아 라헤 드 메트호?
> Comment je peux aller à l'arrêt
> de métro ?

· 여기가 지하철역이에요?
> 에 쓰 라헤 드 메트호?
> Est-ce l'arrêt de métro ?

· 지하철역 여기서 멀어요?
> 라헤 드 메트호 에 띨 루앙 디씨?
> L'arrêt de métro est-il loin d'ici ?

TIP l'arrêt de métro 와 la station de métro 모두 지하철역을 지칭한다.

02 기차역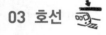

gare
[갸흐]

· 기차역 어디예요?

우 쓰 트후브 라 갸흐?
Où se trouve la gare ?

· 기차역 어떻게 가요?

꼬멍 쥬 뿌 알레 알라 갸흐?
Comment je peux aller à la gare ?

· 여기가 기차역이에요?

에 쓰 라 갸흐?
Est-ce la gare ?

· 기차역 여기서 멀어요?

라 갸흐 에 뗄 루앙 디씨?
La gare est-elle loin d'ici ?

전철
&
기차

03 호선

ligne
[린뉴]

· 여기 갈 건데 몇 호선 타요?

쥬 부 알레 이씨, 껠 린뉴 두아 쥬
프헝드흐?
Je veux aller ici, quelle ligne
dois-je prendre ?

· 이 노선 타면 여기 가나요?　에 쓰 끄 쥬 뿌 알레 이씨 아벡 쎄
　　　　　　　　　　　　　　　뜨 린뉴?
　　　　　　　　　　　　　　　Est-ce que je peux aller ici avec
　　　　　　　　　　　　　　　cette ligne ?

· 이 노선으로 갈아탈 거예요.　쥬 셩쥬 드 린뉴 아 쎄 따헤.
　　　　　　　　　　　　　　　Je change de ligne à cet arrêt.

04 노선도 [路線도]　plan du métro
[쁠랑 뒤 메트호]

· 노선도는 어디 있나요?　우 에 르 쁠랑 뒤 메트호?
　　　　　　　　　　　　Où est le plan du métro ?

· 노선도 하나 받을 수 있나요?　쀠 쥬 아부아흐 앙 쁠랑 뒤 메트호,
　　　　　　　　　　　　　　　씰 부 쁠레?
　　　　　　　　　　　　　　　Puis-je avoir un plan du métro,
　　　　　　　　　　　　　　　s'il vous plaît ?

· 노선도 보는 것 좀 도와주　뿌베 부 메데 아 리흐 쓰 쁠랑 뒤
세요.　　　　　　　　　　메트호, 씰 부 쁠레?
　　　　　　　　　　　　　Pouvez-vous m'aider à lire ce
　　　　　　　　　　　　　plan du métro, s'il vous plaît ?

05 시간표

horaire
[오헤흐]

· 시간표 어디서 봐요?

우 쏭 레 조헤흐?
Où sont les horaires ?

· 시간표 보여주세요.

몽트헤 무아 레 조헤흐, 씰 부 쁠레.
Montrez-moi les horaires, s'il
vous plaît.

· 시간표가 복잡해요.

레 조헤흐 쏭 트호 꽁쁠리께.
Les horaires sont trop
compliqués.

전철
&
기차

· 시간표 보는 것 좀 도와
줘요.

뿌베 부 메데 아 리흐 쎄 조헤흐,
씰 부 쁠레?
Pouvez-vous m'aider à lire ces
horaires, s'il vous plaît ?

06 매표소 🏳

guichet
[기셰]

· 매표소 어디예요?

우 쓰 트후브 르 기셰?
Où se trouve le guichet ?

· 매표소 어떻게 가요?

꼬멍 쀠 쥬 므 헝드흐 오 기셰?
Comment puis-je me rendre au
guichet ?

· 매표소로 데려다주세요.

뿌베 부 마꽁빠녜 아 앙 기셰, 씰
부 쁠레?
Pouvez-vous m'accompagner à
un guichet, s'il vous plaît ?

· 표 살 거예요.

쥬 베 아슈떼 앙 띠께.
Je vais acheter un ticket.

07 발권기 ✈

automate de vente de tickets
[오또마뜨 드 벙뜨 드 띠께]

· 발권기 어딨어요?

우 에 로또마뜨 드 벙뜨 드 띠께?
Où est l'automate de vente de
tickets ?

· 발권기 어떻게 써요?

꼬멍 위띨리즈 똥 로또마뜨 드 벙
뜨 드 띠께?
Comment utilise-t-on l'automate
de vente de tickets ?

· 발권기 안 되는데요.

로또마뜨 느 퐁씨온 빠.
L'automate ne fonctionne pas.

· 발권기 쓰는 것 좀 도와
줘요.

뿌베 부 메데 아 위띨리제 쎄 또또
마뜨, 씰 부 쁠레?
Pouvez-vous m'aider à utiliser
cet automate, s'il vous plaît ?

· 제 표가 안 나와요.

몽 띠께 네 빠 쏙띠.
Mon ticket n'est pas sorti.

전철
&
기차

호텔 116p   식당 150p   관광 184p   쇼핑 212p   귀국 234p

08 급행 열차

train direct
[트항 디헥뜨]

· 여기로 가는 급행 열차 있어요?

야 띨 앙 트항 디헥뜨 뿌흐 쓰 헝드흐 아 쎄 떵 드후아?
Y a-t-il un train direct pour se rendre à cet endroit ?

· 급행 열차는 얼마예요?

꽁비앙 꾸뜨 르 띠께 뿌흐 르 트항 디헥뜨?
Combien coûte le ticket pour le train direct ?

· 급행 열차 어디서 타요?

우 두아 쥬 알레 뿌흐 아부아흐 르 트항 디헥뜨?
Où dois-je aller pour avoir le train direct ?

· 급행 열차 몇 시에 있어요?

아 껠 뢰흐 빠흐 르 트항 디헥뜨?
À quelle heure part le train direct ?

09 편도

aller simple
[알레 쌍쁠르]

· 편도로 2장 주세요.

두 비에 알레 쌍쁠르, 씰 부 쁠레.
Deux billets aller simple, s'il
vous plaît.

· 이거 편도 표 맞아요?

에 쓰 앙 비에 알레 쌍쁠르?
Est-ce un billet aller simple ?

· 이거 편도로 바꿀 수 있
어요?

뿨 쥬 에셩졔 쓰씨 아벡 앙 비에 알
레 쌍쁠르?
Puis-je échanger ceci avec un
billet aller simple ?

전철
&
기차

호텔 116p   식당 150p   관광 184p   쇼핑 212p   귀국 234p

10 왕복

aller-retour
[알레 흐뚜흐]

· 왕복으로 한 장이요.

앙 비에 알레 흐뚜흐, 씰 부 쁠레.
Un billet aller-retour, s'il vous plaît.

· 이거 왕복표 맞아요?

에 쓰 앙 비에 알레 흐뚜흐?
Est-ce un billet aller-retour ?

· 이거 왕복으로 바꿀 수 있어요?

뿨 쥬 에셩졔 쓰씨 아벡 앙 비에 알레 흐뚜흐?
Puis-je échanger ceci avec un billet aller-retour ?

11 ~로 가는 표

ticket pour
[띠께 뿌흐]

· 여기 가는 표 얼마예요?

꽁비앙 꾸뜨 르 띠께 뿌흐 알레 이씨?
Combien coûte le ticket pour aller ici?

· 여기 가는 표 한 장이요.　　앙 띠께 뿌흐 알레 이씨, 씰 부 쁠레.
　　　　　　　　　　　　　　Un ticket pour aller ici, s'il vous plaît.

· 오페라 역으로 가는 표 한 　　앙 띠께 뿌흐 오뻬하, 씰 부 쁠레.
　장이요.　　　　　　　　　　Un ticket pour Opéra, s'il vous plaît.

12 승강장 quai
[께]

· 8번 승강장 어디예요?　　　우 쓰 트후브 르 께 위뜨?
　　　　　　　　　　　　　　Où se trouve le quai 8 ?

· 승강장을 못 찾겠어요.　　　쥬 느 트후브 빠 르 께.
　　　　　　　　　　　　　　Je ne trouve pas le quai.

· 승강장으로 데려가 주세요.　뿌베 부 마꽁빠녜 오 께, 씰 부 쁠레?
　　　　　　　　　　　　　　Pouvez-vous m'accompagner au quai, s'il vous plaît ?

13 환승

correspondance
[꼬헤스뽕덩쓰]

· 환승 하는 데 어디예요?

우 에 쓰 끄 쥬 두아 프헝드흐 라 꼬헤스뽕덩쓰?

Où est-ce que je dois prendre la correspondance ?

· 환승 여기서 해요?

에 쓰 끄 쥬 두아 프헝드흐 라 꼬헤스뽕덩쓰 이씨?

Est-ce que je dois prendre la correspondance ici ?

· 여기로 가려면 환승해야 돼요?

에 쓰 끄 쥬 두아 에펙뛰에 앙 성쥬멍 뿌흐 알레 이씨?

Est-ce que je dois effectuer un changement pour aller ici ?

· 환승하려면 여기서 내려요?

에 쓰 끄 쥬 두아 데썽드흐 이씨 뿌흐 프헝드흐 라 꼬헤스뽕덩쓰?

Est-ce que je dois descendre ici pour prendre la correspondance ?

14 식당 칸 🍴

cafétéria à bord
[꺄페떼히아 아 보흐]

· 식당 칸 있어요?

야 띨 윈 꺄페떼히아 아 보흐?
Y a-t-il une cafétéria à bord ?

· 식당 칸 어디예요?

우 에 라 꺄페떼히아?
Où est la cafétéria ?

· 식당 칸에서 멀어요?

에 쓰 루앙 드 라 꺄페떼히아?
Est-ce loin de la cafétéria ?

· 식당 칸에서 가까운 자리로 주세요.

쥬 부 앙 씨에쥬 프호슈 드 라 꺄페떼히아.
Je veux un siège proche de la cafétéria.

전철 & 기차

15 일반석 ⩗

classe économique
[끌라쓰 에꼬노미끄]

· 일반석으로 주세요.

원 쁠라쓰 엉 끌라쓰 에꼬노미끄, 씰 부 쁠레.
Une place en classe économique, s'il vous plaît.

· 일반석 남았어요?

부 헤스 띨 데 쁠라쓰 엉 끌라쓰 에꼬노미끄?
Vous reste-t-il des places en classe économique ?

· 일반석은 얼마예요?

꽁비앙 꾸뜨 앙 씨에쥬 엉 끌라쓰 에꼬노미끄?
Combien coûte un siège en classe économique ?

16 1등석

première classe
[프흐미에흐 끌라쓰]

· 1등석으로 주세요.

윈 쁠라쓰 엉 프흐미에흐 끌라쓰,
씰 부 쁠레.
Une place en première classe,
s'il vous plaît.

· 1등석은 얼마예요?

꽁비앙 꾸뜨 앙 씨에쥬 엉 프흐미
에흐 끌라쓰?
Combien coûte un siège en
première classe ?

전철
&
기차

위급상황

· 표를 분실했어요.　　　　제 뻬흐뒤 몽 비에.
　　　　　　　　　　　　　J'ai perdu mon billet.

· 일일 승차권을 분실했　　제 뻬흐뒤 몽 빠쓰 쥬흐네.
　어요.　　　　　　　　　J'ai perdu mon pass journée.

· 지하철에 가방을 놓고　　제 레쎄 몽 싹 덩 르 메트호.
　내렸어요.　　　　　　　J'ai laissé mon sac dans le métro.

· 분실물 센터가 어디예요?　우 에 르 쎄흐비쓰 데 조브졔 트후베?
　　　　　　　　　　　　　Où est le service des objets
　　　　　　　　　　　　　trouvés ?

· 표가 안 나와요.　　　　몽 비에 에 꾸앙쎄.
　　　　　　　　　　　　　Mon billet est coincé.

· 표를 잘못 샀어요.　　　제 아슈떼 앙 모베 띠께.
　　　　　　　　　　　　　J'ai acheté un mauvais ticket.

전철
&
기차

TIP 프랑스에서 교통수단을 이용할 때, 항시 검표원 contrôleur[꽁트홀뢰흐]을 만날 가능성이 있기에 도착지에 내려 전철역을 떠날 때까지 반드시 표를 소지하고 있어야 한다. 만약, 검표원을 만났을 때 표를 가지고 있지 않으면 벌금을 물어야 한다.

빨리찾아

09	몇 층	**quel étage** [껠 레따쥬]
10	방 키	**clé de la chambre** [끌레 들 라 셩브흐]
11	짐	**bagage** [바갸쥬]
12	내 방	**ma chambre** [마 셩브흐]
13	수건	**serviette** [쎄흐비에뜨]
14	칫솔	**brosse à dents** [브호쓰 아 덩]
15	베개	**oreiller** [오헤이에]
16	드라이기	**sèche-cheveux** [쎄슈 슈부]

호텔

17	물	**eau** [오]
18	인터넷	**Internet** [앙떼흐넷]
19	텔레비전	**télévision** [뗄레비지옹]
20	청소하다	**nettoyer** [네뚜아이에]
21	모닝콜	**service de réveil** [쎄흐비쓰 드 헤베이으]
22	룸서비스	**service de chambre** [쎄흐비쓰 드 셩브흐]
23	세탁 서비스	**service de blanchisserie** [쎄흐비쓰 드 블렁시쓰히]

호텔

호텔에서

01 로비

réception
[헤쎕씨옹]

· 로비가 어디예요?

우 쓰 트후브 라 헤쎕씨옹?
Où se trouve la réception ?

· 로비를 못 찾겠는데요.

쥬 느 트후브 빠 라 헤쎕씨옹.
Je ne trouve pas la réception.

02 예약

réservation
[헤제흐바씨옹]

· 예약했어요.

제 윈 헤제흐바씨옹.
J'ai une réservation.

· 예약 안 했어요.

쥬 네 빠 드 헤제흐바씨옹.
Je n'ai pas de réservation.

· 이 사이트로 예약했는데요.

제 헤제흐베 쒸흐 쓰 씨뜨.
J'ai réservé sur ce site.

· 예약을 제 이름 Agnès로 했어요.

제 원 헤제흐바씨옹 오 농 다녜쓰.
J'ai une réservation au nom d'Agnès.

03 체크인

enregistrement
[엉흐지스트흐멍]

· 체크인 하려고요.

쥬 부드헤 멍흐지스트헤, 씰 부 쁠레.
Je voudrais m'enregistrer, s'il vous plaît.

· 체크인 어디서 해요?

우 두아 쥬 멍흐지스트헤?
Où dois-je m'enregistrer ?

· 체크인 몇 시에 하나요?

아 껠 뢰흐 에 렁흐지스트흐멍?
À quelle heure est l'enregistrement ?

호텔

· 체크인 하기 전에 짐 맡아
  주세요.

뿌베 부 갸흐데 메 바갸쥬 아벙 끄
쥬 멍흐지스트흐, 씰 부 쁠레?
Pouvez-vous garder mes
bagages avant que je
m'enregistre, s'il vous plaît ?

04 침대

lit
[리]

· 싱글 침대로 주세요.

앙 리 쌍쁠르, 씰 부 쁠레.
Un lit simple, s'il vous plaît.

· 더블 침대로 주세요.

앙 리 두블르, 씰 부 쁠레.
Un lit double, s'il vous plaît.

· 트윈 침대로 주세요.

데 리 쥬모, 씰 부 쁠레.
Des lits jumeaux, s'il vous plaît.

· 제일 큰 침대 주세요.

도네 무아 보트흐 쁠뤼 그헝 리.
Donnez-moi votre plus grand lit.

· 제일 큰 침대 있는 방은 얼
  마예요?

꽁비앙 꾸뜨 라 셩브흐 아벡 르 쁠
뤼 그헝 리?
Combien coûte la chambre
avec le plus grand lit ?

05 조식 🍴

petit-déjeuner
[쁘띠 데쥬네]

· 조식은 어디서 먹어요?

우 에 쎄흐비 르 쁘띠 데쥬네?
Où est servi le petit-déjeuner ?

· 조식은 몇 시예요?

아 껠 뢰흐 에 쎄흐비 르 쁘띠 데쥬네?
À quelle heure est servi le petit-déjeuner ?

· 조식으로 뭐가 있죠?

께 쓰 끄 부 자베 뿌흐 르 쁘띠 데쥬네?
Qu'est-ce que vous avez pour le petit-déjeuner ?

· 조식 몇 시까지예요?

쥐스꺄 껠 뢰흐 에 쎄흐비 르 쁘띠 데쥬네?
Jusqu'à quelle heure est servi le petit-déjeuner ?

· 조식 포함하면 얼마예요?

꽁비앙 에 쓰 아벡 르 쁘띠 데쥬네 앙끌뤼?
Combien est-ce avec le petit-déjeuner inclus ?

호텔

123

06 얼마 💰?

combien
[꽁비앙]

· 1박에 얼마예요?

꽁비앙 에 쓰 뿌흐 윈 뉘?
Combien est-ce pour une nuit ?

· 2박에 얼마예요?

꽁비앙 에 쓰 뿌흐 두 뉘?
Combien est-ce pour deux nuits ?

· 할인 받을 수 있어요?

쀠 쥬 아부아흐 윈 헤뒥씨옹?
Puis-je avoir une réduction ?

· 방 업그레이드하면 얼마
예요?

꽁비앙 에 쓰 뿌흐 앙 쒸흐끌라쓰
멍 드 셩브흐?
Combien est-ce pour un
surclassement de chambre ?

기내 30p   공항 46p   거리 68p   택시&버스 84p   전철&기차 98p

07 신용카드

carte de crédit
[꺅뜨 드 크헤디]

· 신용카드 되나요?

악쎕떼 부 레 꺅뜨 드 크헤디?
Acceptez-vous les cartes de crédit ?

· 현금으로 할게요.

쥬 베 뻬이에 어 네스뻬쓰.
Je vais payer en espèces.

· 할인 없나요?

쀠 쥬 아부아흐 윈 헤뒥씨옹?
Puis-je avoir une réduction ?

08 엘리베이터

ascenseur
[아썽쐬흐]

호텔

· 엘리베이터 어디 있어요?

우 에 라썽쐬흐?
Où est l'ascenseur ?

· 엘리베이터가 안 열려요.

라썽쐬흐 느 쑤브흐 빠.
L'ascenseur ne s'ouvre pas.

· 로비 가려고요.

쥬 부드헤 알레 알 라 헤쎕씨옹.
Je voudrais aller à la réception.

09 몇 층 ?F 3F?

quel étage
[껠 레따쥬]

· 제 방 몇 층이에요?

아 껠 레따쥬 에 마 셩브흐?
A quel étage est ma chambre ?

· 수영장 몇 층에 있어요?

아 껠 레따쥬 에 라 삐씬?
A quel étage est la piscine ?

· 운동하는 데 몇 층에 있어요?

아 껠 레따쥬 에 라 쌀 드 스뽀흐?
A quel étage est la salle de sport ?

· 스파 몇 층에 있어요?

아 껠 레따쥬 에 르 스빠?
A quel étage est le spa ?

· 1층에 있어요.

오 헤 드 쇼쎄.
Au rez-de-chaussée.

· 2층에 있어요.

오 프흐미에흐 에따쥬.
Au premier étage.

TIP 프랑스에서는 한국의 1층이 0층에 해당한다. 즉, 프랑스에서 2층은 우리식 3층으로 이해하면 된다. 0층은 rez-de-chaussée [헤드쇼쎄].

---

10 방 키 🔑

clé de la chambre
[끌레 들라 셩브흐]

· 방 키 하나 더 주세요.

뷔 쥬 아부아흐 원 끌레 쒸쁠레멍
떼흐, 씰 부 쁠레?
Puis-je avoir une clé
supplémentaire, s'il vous plaît ?

· 방 키 없어졌어요.

쥬 느 트후브 빠 라 끌레 드 마 셩
브흐.
Je ne trouve pas la clé de ma
chambre.

· 방 키가 안 돼요.

라 끌레 느 퐁씨온 빠.
La clé ne fonctionne pas.

호텔

11 짐

bagage
[바가쥬]

· 짐 맡길 수 있어요?

뿌베 부 갸흐데 몽 바가쥬, 씰 부
쁠레?
Pouvez-vous garder mon
bagage, s'il vous plaît ?

· 짐 올려 주실 수 있어요?

뿌베 부 몽트헤 몽 바가쥬, 씰 부 쁠레?
Pouvez-vous monter mon bagage, s'il vous plaît ?

· 이거 제 짐이 아니에요.

쓰 네 빠 몽 바가쥬.
Ce n'est pas mon bagage.

· 제 짐이 없어졌어요.

몽 바가쥬 에 뻬흐뒤.
Mon bagage est perdu.

· 제 짐 찾아주세요.

트후베 몽 바가쥬, 씰 부 쁠레.
Trouvez mon bagage, s'il vous plaît.

12 내 방 🚪

ma chambre
[마 셩브흐]

· 내 방이 어디죠?

우 에 마 셩브흐?
Où est ma chambre ?

· 내 방을 못 찾겠어요.

쥬 느 트후브 빠 마 셩브흐.
Je ne trouve pas ma chambre.

· 내 방이 어두워요.

마 샹브흐 에 트호 쏨브흐.
Ma chambre est trop sombre.

· 내 방이 너무 밝아요.

마 샹브흐 에 트호 뤼미누즈.
Ma chambre est trop lumineuse.

· 내 방이 너무 더워요.

일 페 트호 쇼 덩 마 셩브흐.
Il fait trop chaud dans ma
chambre.

· 내 방이 너무 추워요.

일 페 트호 프후아 덩 마 셩브흐.
Il fait trop froid dans ma
chambre.

· 내 방에서 냄새나요.

마 셩브흐 썽 모베.
Ma chambre sent mauvais.

호텔

13 수건 ⊗

serviette
[쎄흐비에뜨]

· 수건 더 주세요.

쁠뤼스 드 쎄흐비에뜨, 씰 부 쁠레.
Plus de serviettes, s'il vous
plaît.

· 수건 없어요.

쥬 네 빠 드 쎄흐비에뜨.

Je n'ai pas de serviettes.

· 수건 깨끗한 걸로 주세요.

쥬 부드헤 데 쎄흐비에뜨 프호프흐, 씰 부 쁠레.

Je voudrais des serviettes propres, s'il vous plaît.

· 큰 수건으로 주세요.

쥬 부드헤 드 쁠뤼 그헝드 쎄흐비에뜨, 씰 부 쁠레.

Je voudrais de plus grandes serviettes, s'il vous plaît.

14 칫솔

brosse à dents
[브호쓰 아 덩]

· 칫솔 없어요.

쥬 네 빠 드 브호쓰 아 덩.

Je n'ai pas de brosse à dents.

· 칫솔 하나 더 주세요.

쀠 쥬 아부아흐 윈 브호쓰 아 덩 쒸쁠레멍떼흐, 씰 부 쁠레?

Puis-je avoir une brosse à dents supplémentaire, s'il vous plaît ?

· 치약 주실 수 있나요? 뿨 쥬 아부아흐 뒤 덩띠프히쓰, 씰
부 쁠레?
Puis-je avoir du dentifrice, s'il
vous plaît ?

· 부드러운 칫솔 없나요? 아베 부 윈 브호쓰 아 덩 쁠뤼 쑤플?
Avez-vous une brosse à dents
plus souple ?

· 치실 있어요? 아베 부 뒤 필 덩떼흐?
Avez-vous du fil dentaire ?

15 베개 oreiller
[오헤이에]

· 베개 하나 더 주세요. 뿨 쥬 아부아흐 아 노헤이에 엉 쁠
뤼스, 씰 부 쁠레?
Puis-je avoir un oreiller en plus,
s'il vous plaît ?

· 베개가 너무 딱딱해요. 모 노헤이에 에 트호 뒤흐.
Mon oreiller est trop dur.

· 베개가 너무 높아요.

모 노헤이에 에 트호 오.
Mon oreiller est trop haut.

· 베개가 너무 낮아요.

모 노헤이에 에 트호 바.
Mon oreiller est trop bas.

· 베개 큰 거 있어요?

아베 부 아 노헤이에 쁠뤼 그헝?
Avez-vous un oreiller plus grand ?

16 드라이기

sèche-cheveux
[쎄슈 슈브]

· 드라이기 주세요.

도네 무아 아 노트흐 쎄슈 슈브, 씰
부 쁠레.
Donnez-moi un autre sèche-
cheveux, s'il vous plaît.

· 방에 드라이기가 없어요.

쥬 네 빠 드 쎄슈 슈브.
Je n'ai pas de sèche-cheveux.

· 드라이기 고장났어요.

르 쎄슈 슈브 에 까쎄.
Le sèche-cheveux est cassé.

· 드라이기 잘 안 돼요.

르 쎄슈 슈브 느 퐁씨온 빠.
Le sèche-cheveux ne
fonctionne pas.

17 물 🥤

eau
[오]

· 물이 안 나와요.

로 느 쎄꿀 빠 뒤 호비네.
L'eau ne s'écoule pas du
robinet.

· 물이 뜨거워요.

로 에 트호 쇼드.
L'eau est trop chaude.

· 물이 차가워요.

로 에 트호 프후아드.
L'eau est trop froide.

· 물 온도 조절이 안 돼요.

쥬 나히브 빠 아 아쥐스떼 라 떵뻬
하뛰흐 들로.
Je n'arrive pas à ajuster la
température de l'eau.

호텔

· 샤워기에서 물이 안 나와 요.

로 느 쎄꿀 빠 들라 두슈.
L'eau ne s'écoule pas de la douche.

· 변기 물이 안 내려가요.

라 샤쓰 도 느 퐁씨온 빠.
La chasse d'eau ne fonctionne pas.

18 인터넷

Internet
[앙떼흐넷]

· 인터넷 안 돼요.

랑떼흐넷 느 퐁씨온 빠.
L'Internet ne fonctionne pas.

· 인터넷 할 수 있는 데 어디 예요?

우 에 쓰 끄 쥬 뿌 위띨리제 앙떼흐넷?
Où est-ce que je peux utiliser Internet ?

· 랜선이 없어요.

일 냐 빠 드 까블르 랜.
Il n'y a pas de câble LAN.

· 와이파이가 안 터져요.

쥬 느 흐쑤아 빠 라 위피.
Je ne reçois pas la WIFI.

· 와이파이 터지는 데 어디 예요?	우 에 쓰 끄 쥬 뿌 아부아흐 들라 위피?
	Où est-ce que je peux avoir de la WIFI ?
· 컴퓨터 쓸 수 있는 데 어디 예요?	우 에 쓰 끄 쥬 뿌 위띨리제 로흐디 나뛰흐?
	Où est-ce que je peux utiliser l'ordinateur ?

TIP 호텔 로비에 무료 와이파이 아이디와 비번을 부탁하면 알려주지만 대부분 로비에서 한정적으로 이용할 수 있는 무료 와이파이다.

19 텔레비전 télévision
[뗄레비지옹]

· 텔레비전이 안 나와요.	라 뗄레비지옹 느 퐁씨온 빠.
	La télévision ne fonctionne pas.
· 리모컨이 안 돼요.	라 뗄레꼬망드 느 퐁씨온 빠.
	La télécommande ne fonctionne pas.

· 채널 조절이 안 돼요.

쥬 느 뿌 빠 성제 드 셴.

Je ne peux pas changer de chaîne.

20 청소하다 🧹 nettoyer
[네뚜아이에]

· 청소해 주세요.

네뚜아이에 마 성브흐, 씰 부 쁠레.

Nettoyez ma chambre, s'il vous plaît.

· 청소가 안 되어 있어요.

마 성브흐 네 빠 네뚜아이에.

Ma chambre n'est pas nettoyée.

· 청소 안 해주셔도 됩니다.

부 나베 빠 아 네뚜아이에 마 성브흐.

Vous n'avez pas à nettoyer ma chambre.

· 오후에 청소해 주세요.

뿌 베 부 네뚜아이에 마 성브흐 쎄 따프헤 미디, 씰 부 쁠레?

Pouvez-vous nettoyer ma chambre cet après-midi, s'il vous plaît ?

· 화장실 청소가 안 되어 있
  어요.

레 뚜알레뜨 느 쏭 빠 네뚜아이에.
Les toilettes ne sont pas
nettoyées.

· 쓰레기통이 안 비워져 있
  어요.

라 뿌벨 네 빠 비드.
La poubelle n'est pas vide.

21 모닝콜

service de réveil
[쎄흐비쓰 드 헤베이으]

· 모닝콜 해 주세요.

쥬 부드헤 앙 쎄흐비쓰 드 헤베이으.
Je voudrais un service de réveil.

· 7시에 해 주세요.

아 쎄 뙤흐, 씰 부 쁠레.
A sept heures, s'il vous plaît.

· 모닝콜 취소할게요.

쥬 부드헤 아뉼레 몽 쎄흐비쓰 드
헤베이으.
Je voudrais annuler mon
service de réveil.

호텔

· 모닝콜 연달아 두 번 해 주
세요.

쥬 부드헤 두 쎄흐비쓰 드 헤베이
으 다필레, 씰 부 쁠레.
Je voudrais deux services de
réveil d'affilée, s'il vous plaît.

22 룸서비스 service de chambre
[쎄흐비쓰 드 셩브흐]

· 룸서비스 시킬게요.

쥬 부드헤 앙 쎄흐비쓰 드 셩브흐.
Je voudrais un service de
chambre.

· 룸서비스 메뉴 보고 싶어요.

쥬 부드헤 부아흐 르 므뉘 뒤 쎄흐
비쓰 드 셩브흐.
Je voudrais voir le menu du
service de chambre.

· 룸서비스로 아침 갖다 주
세요.

쥬 부드헤 끄 부 마뽁띠에 르 쁘띠
데쥬네 덩 마 셩브흐.
Je voudrais que vous
m'apportiez le petit-déjeuner
dans ma chambre.

· 룸서비스로 와인 갖다 주
세요.

쥬 부드헤 끄 부 마뽁띠에 뒤 방 덩
마 성브흐.
Je voudrais que vous
m'apportiez du vin dans ma
chambre.

23 세탁 서비스 service de blanchisserie
[쎄흐비쓰 드 블랑시쓰히]

· 세탁 서비스 신청할게요.

쥬 부드헤 앙 쎄흐비쓰 드 블랑시
쓰히.
Je voudrais un service de
blanchisserie.

· 세탁 서비스 언제 와요?

껑 떼 쓰 끄 르 쎄흐비쓰 드 블랑시
쓰히 아히브?
Quand est-ce que le service de
blanchisserie arrive ?

· 세탁물이 망가졌어요.

메 베뜨멍 쏭 떵도마제.
Mes vêtements sont
endommagés.

호텔

24 체크아웃 "🧳

check-out
[체까웃]

· 체크아웃 할게요.

쥬 베 프호쎄데 오 체까웃, 씰 부 쁠레.

Je vais procéder au check-out, s'il vous plaît.

· 체크아웃 몇 시예요?

아 껠 뢰흐 에 르 체까웃?

A quelle heure est le check-out ?

· 하루 더 연장할게요.

쥬 부드헤 에떵드흐 몽 쎄주흐 당 주흐.

Je voudrais étendre mon séjour d'un jour.

· 체크아웃 좀 있다 할게요.

쥬 부드헤 에펙뛰에 르 체까웃 쁠 뤼 따흐.

Je voudrais effectuer le check-out plus tard.

25 계산서 📋

facture
[팍뛰흐]

· 계산서 보여주세요.

몽트헤 무아 라 팍뛰흐, 씰 부 쁠레.
Montrez-moi la facture, s'il vous
plaît.

· 계산서 틀렸어요.

라 팍뛰흐 에 땅꼬헥뜨.
La facture est incorrecte.

· 자세한 계산서 보여주세요.

쥬 부드헤 윈 팍뛰흐 데따이에.
Je voudrais une facture
détaillée.

26 추가 요금 ➕

frais
supplémentaires
[프헤 쒸쁠레멍떼흐]

· 추가 요금이 붙었는데요.

부아씨 레 프헤 쒸쁠레멍떼흐.
Voici les frais supplémentaires.

호텔

· 어떤 게 추가된 거예요?

껠 쏭 르 프헤 쒸쁠레멍떼흐 이씨?
Quels sont les frais supplémentaires ici ?

· 이 추가 요금 설명해 주세요.

뿌 베 부 멕쓰쁠리께 쎄 프헤 쒸쁠레멍떼흐, 씰 부 쁠레?
Pouvez-vous m'expliquer ces frais supplémentaires, s'il vous plaît ?

27 미니바 minibar
[미니바흐]

· 미니바 이용 안 했는데요.

쥬 네 빠 위띨리제 르 미니바흐.
Je n'ai pas utilisé le minibar.

· 미니바에서 물만 마셨어요.

제 썰르멍 프히 들로 뒤 미니바흐.
J'ai seulement pris de l'eau du minibar.

· 미니바에서 맥주만 마셨어요.

제 썰르멍 프히 윈 비에흐 뒤 미니바흐.
J'ai seulement pris une bière du minibar.

· 미니바 요금이 잘못됐어요.　레 프헤 뒤 미니바흐 쏭 땅꼬헥뜨.
　　　　　　　　　　　　　　Les frais du minibar sont
　　　　　　　　　　　　　　incorrects.

28 요금 frais
[프헤]

· 이 요금은 뭐죠?　　　　아 꾸아 꼬헤스뽕 쓰 프헤?
　　　　　　　　　　　　A quoi correspond ce frais ?

· 요금이 더 나온 거 같은데요.　쥬 뻉쓰 끄 쓰 몽땅 에 땅꼬헥뜨.
　　　　　　　　　　　　　　Je pense que ce montant est
　　　　　　　　　　　　　　incorrect.

· 요금 합계가 틀렸어요.　　쓰 몽땅 에 땅꼬헥뜨.
　　　　　　　　　　　　Ce montant est incorrect.

호텔

29 택시 🚕

taxi
[딱씨]

· 택시 좀 불러주세요.

아쁠레 앙 딱씨, 씰 부 쁠레.
Appelez un taxi, s'il vous plaît.

· 택시 비싼가요?

에 쓰 셰흐 드 프헝드흐 앙 딱씨?
Est-ce cher de prendre un taxi ?

· 택시로 어디 가시게요?

우 알레 부 알레 엉 딱씨?
Où allez-vous aller en taxi ?

30 공항 ✈

aéroport
[아에호뽀흐]

· 오를리 공항 갈 거예요.

쥬 베 아 라에호뽀흐 오흘리.
Je vais à l'aéroport Orly.

· 오를리 공항 가려면 뭐 타요?

끄 드브헤 쥬 엉므네 아 라헤오뽀흐 오흘리?
Que devrais-je emmener à l'aéroport Orly ?

· 오를리 공항 가는 버스 있어요?

에 쓰 낄 야 앙 뷔스 끼 바 아 라헤오뽀흐 오흘리?
Est-ce qu'il y a un bus qui va à l'aéroport Orly ?

호텔

위급상황

· 텔레비전이 고장이에요.

라 뗄레비지옹 느 퐁씨온 빠.
La télévision ne fonctionne pas.

· 컴퓨터가 고장이에요.

로흐디나뛰흐 느 퐁씨온 빠.
L'ordinateur ne fonctionne pas.

· 전화기가 고장이에요.

르 뗄레폰 느 퐁씨온 빠.
Le téléphone ne fonctionne pas.

· 샤워기가 고장이에요.

르 뛰요 드 두슈 느 퐁씨온 빠.
Le tuyau de douche ne
fonctionne pas.

· 비데가 고장이에요.

르 비데 느 퐁씨온 빠.
Le bidet ne fonctionne pas.

· 문이 안 열려요.

쥬 느 뿌 빠 우브히흐 라 뽁뜨.
Je ne peux pas ouvrir la porte.

· 화장실 문이 안 열려요.

쥬 느 뿌 빠 우브히흐 라 뽁뜨 데
뚜알레뜨.
Je ne peux pas ouvrir la porte
des toilettes.

호텔

· 방에 갇혔어요.

쥬 쒸 꾸앙쎄 당 라 셩브흐.
Je suis coincé dans la chambre.

· 엘리베이터에 갇혔어요.

쥬 쒸 꾸앙쎄 당 라썽쒸흐.
Je suis coincé dans l'ascenseur.

· 화장실에 갇혔어요.

쥬 쒸 꾸앙쎄 당 레 뚜알레뜨.
Je suis coincé dans les toilettes.

· 방 키를 잃어버렸어요.

졔 뻬흐뒤 라 끌레 드 마 셩브흐.
J'ai perdu la clé de ma
chambre.

· 여권을 잃어버렸어요.

졔 뻬흐뒤 몽 빠쓰포흐.
J'ai perdu mon passeport.

· 휴대폰을 잃어버렸어요.

졔 뻬흐뒤 몽 뗄레폰 뽁따블르.
J'ai perdu mon téléphone
portable.

· 노트북을 잃어버렸어요.

졔 뻬흐뒤 모 노흐디나뛰흐 뽁따
블르.
J'ai perdu mon ordinateur
portable.

· 귀중품을 잃어버렸어요.	제 뻬흐뒤 메 조브제 드 발뢰흐. J'ai perdu mes objets de valeur.
· 룸서비스가 안 와요.	르 쎄흐비쓰 드 셩브흐 네 빠 정꼬 흐 아히베. Le service de chambre n'est pas encore arrivé.
· 속이 안 좋아요.	쥬 느 므 썽 빠 트헤 비앙. Je ne me sens pas très bien.
· 배가 아파요.	제 말로 벙트흐. J'ai mal au ventre.
· 머리가 아파요.	제 말 알라 떼뜨. J'ai mal à la tête.
· 응급차 불러주세요.	아쁠레 윈 넝뷜렁쓰, 씰 부 쁠레. Appelez une ambulance, s'il vous plaît.

호텔

빨리찾아

09	수프	**soupe** [숩쁘]
10	샐러드	**salade** [쌀라드]
11	스테이크	**steak** [스떽]
12	해산물	**fruits de mer** [프휘 드 메흐]
13	닭	**poulet** [뿔레]
14	음료	**boisson** [부아쏭]
15	포크	**fourchette** [푸흐셰뜨]
16	나이프	**couteau** [꾸또]

식당

17	디저트	**dessert** [데쎄흐]
18	휴지	**serviette** [쎄흐비에뜨]
19	계산서	**addition** [아디씨옹]
20	신용카드	**carte de crédit** [꺄뜨 드 크헤디]
21	팁	**pourboire** [뿌흐부아흐]
22	햄버거	**burger** [버흐거]
23	감자튀김	**frites** [프히뜨]
24	세트	**menu** [므뉘]

기내 30p   공항 46p   거리 68p   택시&버스 84p   전철&기차 98p

식당

33	우유	**lait** [레]
34	사이즈	**taille** [따이으]
35	케이크	**gâteau** [갸또]
36	타르트	**tarte** [딱뜨]
37	샌드위치	**sandwich** [썽드위치]
38	와이파이	**WIFI** [위피]
39	화장실	**toilettes** [뚜알레뜨]

식당에서

01 2명이요 👥

deux personnes
[두 뻭쏜]

· 2명이요.

원 따블르 뿌흐 두 뻭쏜, 씰 부 쁠레.
Une table pour deux personnes,
s'il vous plaît.

· 3명이요.

원 따블르 뿌흐 트후아 뻭쏜, 씰 부
쁠레.
Une table pour trois personnes,
s'il vous plaît.

· 혼자예요.

쐴르멍 무아.
Seulement moi.

식당

02 예약

réservation
[헤제흐바씨옹]

· 예약했어요.

제 윈 헤제흐바씨옹.
J'ai une réservation.

· 예약 안 했어요.

쥬 네 빠 드 헤제흐바씨옹.
Je n'ai pas de réservation.

· 2명으로 예약했어요.

제 윈 헤제흐바씨옹 뿌흐 두 뻭쏜.
J'ai une réservation pour deux
personnes.

· 3명으로 예약했어요.

제 윈 헤제흐바씨옹 뿌흐 트후아
뻭쏜.
J'ai une réservation pour trois
personnes.

· 제 이름 Agnès로 예약했
어요.

제 윈 헤제흐바씨옹 오 농 다녜쓰.
J'ai une réservation au nom
d'Agnès.

03 테이블 ☂

table
[따블르]

· 다른 자리로 주세요.

뿨 쥬 아부아흐 위 노트흐 따블르, 씰 부 쁠레?
Puis-je avoir une autre table, s'il vous plaît ?

· 창가 자리로 주세요.

뿨 쥬 아부아흐 윈 따블르 프헤 드 라 프네트흐, 씰 부 쁠레?
Puis-je avoir une table près de la fenêtre, s'il vous plaît ?

04 웨이터 😃

serveur
[쎄흐뵈흐]

식당

· 여기요!

엑스뀌제 무아!
Excusez-moi !

· 매니저를 불러줘요.

아쁠레 무아 르 제항, 씰 부 쁠레.
Appelez-moi le gérant, s'il vous plaît.

05 주문하다 commander
[꼬멍데]

· 주문하시겠어요?

끄 데지헤 부?
Que désirez-vous ?

· 주문할게요.

쥬 부드헤 꼬멍데.
Je voudrais commander.

06 메뉴 menu
[므뉘]

· 메뉴 어떤 걸로 하실래요?

끄 부드히에 부?
Que voudriez-vous ?

· 오늘의 메뉴는 뭐죠?

껠레 르 쁠라 뒤 쥬흐?
Quel est le plat du jour ?

· 메뉴 잘못 나왔어요.

졔 르 모베 므뉘.
J'ai le mauvais menu.

07 추천 👍

recommandation
[흐꼬멍다씨옹]

· 메뉴 추천해주실래요?

뿌베 부 므 꽁쎄이에 앙 므뉘?
Pouvez-vous me conseiller un
menu ?

· 이 둘 중에 뭘 추천해요?

르껠 므 흐꼬멍데 부 엉트흐 쎄
두 라?
Lequel me recommandez-vous
entre ces deux-là ?

· 와인 추천해주세요.

뿌 베 부 므 흐꼬멍데 앙 봉 방, 씰
부 쁠레?
Pouvez-vous me recommander
un bon vin, s'il vous plaît ?

08 애피타이저

hors-d'œuvre
[어흐되브흐]

· 애피타이저는 어떤 걸로
하실래요?

끄 부드헤 부 엉 어흐되브흐?
Que voudrez-vous en hors-
d'œuvre ?

식당

· 애피타이저 추천해 주실 래요?

므 꽁쎄이에히에 부 앙 너흐되브흐?

Me conseilleriez-vous un hors-d'œuvre ?

09 수프

soupe

[쑵쁘]

· 수프는 어떤 게 있죠?

껠 졍흐 드 쑵쁘 아베 부?

Quel genre de soupe avez-vous ?

· 오늘의 수프가 있나요?

껠레 라 쑵쁘 뒤 쥬흐?

Quelle est la soupe du jour ?

10 샐러드

salade

[쌀라드]

· 샐러드 대신 수프로 주세요.

쥬 부드헤 윈 쑵쁘 알라 쁠라쓰 들 라 쌀라드, 씰 부 쁠레.

Je voudrais une soupe à la place de la salade, s'il vous plaît.

· 그냥 기본 샐러드 주세요.

원 쌀라드 메종, 실 부 쁠레.
Une salade maison, s'il vous
plaît.

· 샐러드 드레싱은 뭐가 있어요?

까베 부 뿌흐 레 쏘쓰 드 쌀라드?
Qu'avez-vous pour les sauces
de salade ?

11 스테이크 steak
[스떽]

· 스테이크로 할게요.

쥬 부드헤 앙 스떽, 씰 부 쁠레.
Je voudrais un steak, s'il vous
plaît.

· 스테이크 굽기는 어떻게 해드릴까요?

꼬멍 부드히에 부 보트흐 스떽?
Comment voudriez-vous votre
steak ?

· 레어로 해주세요.

쎄녕, 씰 부 쁠레.
Saignant, s'il vous plaît.

· 미디엄으로 해주세요.

아 뿌앙, 씰 부 쁠레.
A point, s'il vous plaît.

식당

· 웰던으로 해주세요.

비앙 뀌, 씰 부 쁠레.
Bien cuit, s'il vous plaît.

12 해산물 fruits de mer
[프휘 드 메흐]

· 해산물 요리로 할게요.

쥬 베 프헝드흐 데 프휘 드 메흐.
Je vais prendre des fruits de
mer.

· 해산물 알레르기가 있어요.

쥬 쒸 잘레흐지끄 오 프휘 드 메흐.
Je suis allergique aux fruits de
mer.

13 닭 poulet
[쁠레]

· 닭 요리로 할게요.

쥬 베 프헝드흐 뒤 쁠레.
Je vais prendre du poulet.

· 닭 요리로 추천해주세요.　　　흐꼬멍드히에 부 르 므뉘 드 뿔레?
　　　　　　　　　　　　　　　Recommanderiez-vous le menu
　　　　　　　　　　　　　　　de poulet ?

· 닭이 덜 익었어요.　　　　　　몽 뿔레 네 빠 뀌.
　　　　　　　　　　　　　　　Mon poulet n'est pas cuit.

14 음료 🥤

boisson
[부아쏭]

· 음료는 어떤 게 있어요?　　　껠 졍흐 드 부아쏭 아베 부?
　　　　　　　　　　　　　　　Quel genre de boissons avez-
　　　　　　　　　　　　　　　vous ?

· 그냥 물 주세요.　　　　　　　쐴르멍 드 로, 씰 부 쁠레.
　　　　　　　　　　　　　　　Seulement de l'eau, s'il vous
　　　　　　　　　　　　　　　plaît.

· 탄산수 주세요.　　　　　　　들로 가쥬즈, 씰 부 쁠레.
　　　　　　　　　　　　　　　De l'eau gazeuse, s'il vous plaît.

· 사이다 주세요.　　　　　　　앙 스프히뜨, 씰 부 쁠레.
　　　　　　　　　　　　　　　Un Sprite, s'il vous plaît.

식당

· 오렌지 주스 주세요.　　　　앙 쥐 도헝쥬, 씰 부 쁠레.
　　　　　　　　　　　　　Un jus d'orange, s'il vous plaît.

· 와인 한 잔 주세요.　　　　　앙 베흐 드 방, 씰 부 쁠레.
　　　　　　　　　　　　　Un verre de vin, s'il vous plaît.

· 아이스티 주세요.　　　　　　아 나이쓰 티, 씰 부 쁠레.
　　　　　　　　　　　　　Un ice tea, s'il vous plaît.

TIP 프랑스에서는 물이 유료다. 만약 공짜 물을 원한다면, 수돗물을 부탁하면 된다.
수돗물(공짜 물)은 une carafe d'eau [윈 까하프 도].

---

15 포크 fourchette
[푸흐셰뜨]

· 포크 없어요.　　　　　　　쥬 네 빠 드 푸흐셰뜨.
　　　　　　　　　　　　　Je n'ai pas de fourchette.

· 포크 하나 더 주세요.　　　　쀠 쥬 아부아흐 윈 푸흐셰뜨 엉 쁠
　　　　　　　　　　　　　뤼스, 씰 부 쁠레?
　　　　　　　　　　　　　Puis-je avoir une fourchette en
　　　　　　　　　　　　　plus, s'il vous plaît ?

· 다른 포크로 주세요.

쥬 부드헤 위 노트흐 푸흐셰뜨, 씰
부 쁠레.
Je voudrais une autre
fourchette, s'il vous plaît.

16 나이프 couteau
[꾸또]

· 나이프가 없어요.

쥬 네 빠 드 꾸또.
Je n'ai pas de couteau.

· 나이프 하나 더 주세요.

쀠 쥬 아부아흐 앙 꾸또 엉 쁠뤼쓰,
씰 부 쁠레?
Puis-je avoir un couteau en
plus, s'il vous plaît ?

· 다른 나이프로 주세요.

쥬 부드헤 아 노트흐 꾸또, 씰 부
쁠레.
Je voudrais un autre couteau,
s'il vous plaît.

식당

17 디저트   **dessert**
[데쎄흐]

· 디저트 뭐 있어요?

껠 정흐 드 데쎄흐 아베 부?
Quel genre de dessert avez-vous ?

· 이제 디저트 먹을게요.

쥬 베 프헝드흐 르 데쎄흐 망뜨넝.
Je vais prendre le dessert maintenant.

· 아이스크림 종류는 뭐 있어요?

껠 싸뵈흐 아베 부 뿌흐 레 글라쓰?
Quelle saveur avez-vous pour les glaces ?

· 그냥 디저트는 안 먹을게요.

쥬 느 프헝드헤 빠 드 데쎄흐.
Je ne prendrais pas de dessert.

18 휴지

serviette
[쎄흐비에뜨]

· 화장실에 휴지가 없어요.

일 냐 빠 드 빠삐에 뚜알레뜨.
Il n'y a pas de papier toilettes.

· 물티슈 있어요?

아베 부 데 랑졔뜨?
Avez-vous des lingettes ?

19 계산서

addition
[아디씨옹]

· 계산할게요.

라디씨옹, 씰 부 쁠레.
L'addition, s'il vous plaît.

· 계산서 주실래요?

쀠 쥬 아부아흐 라디씨옹, 씰 부
쁠레?
Puis-je avoir l'addition, s'il vous
plaît ?

식당

· 이 메뉴 안 시켰는데요.

쥬 네 쟈메 꼬멍데 쓰 므뉘.
Je n'ai jamais commandé ce
menu.

· 세금 포함한 금액이에요?　　　레 딱쓰 쏭 뗄 꽁프히즈?
　　　　　　　　　　　　　　　Les taxes sont-elles comprises ?

20 신용카드 　　carte de crédit
　　　　　　　　　　　　　　　[꺄뜨 드 크헤디]

· 신용카드 되나요?　　　　　　악쎕떼 부 레 꺄뜨 드 크헤디?
　　　　　　　　　　　　　　　Acceptez-vous les cartes de
　　　　　　　　　　　　　　　crédit ?

· 현금으로 할게요.　　　　　　쥬 베 헤글레 어 네스뻬쓰.
　　　　　　　　　　　　　　　Je vais régler en espèces.

21 팁　　　pourboire
　　　　　　[뿌흐부아흐]

· 팁 여기요.　　　　　　　　　부알라, 보트흐 뿌흐부아흐.
　　　　　　　　　　　　　　　Voilà, votre pourboire.

· 팁은 포함 안 되어 있습니다.　르 뿌흐부아흐 네 빠 앙끌뤼.
　　　　　　　　　　　　　　　Le pourboire n'est pas inclus.

· 팁은 테이블 위에 두었어요.　제 레쎄 르 뿌흐부아흐 쒸흐 라 따
블르.
J'ai laissé le pourboire sur la table.

22 햄버거

burger
[버흐거]

· 햄버거만 하나 할게요.　쐴르멍 앙 버흐거, 씰 부 쁠레.
Seulement un burger, s'il vous plaît.

· 햄버거로만 두 개요.　쐴르멍 두 버흐거, 씰 부 쁠레.
Seulement deux burgers, s'il vous plaît.

· 햄버거만 얼마예요?　꽁비앙 꾸뜨 앙 버흐거?
Combien coûte un burger ?

식당

23 감자튀김

frites
[프히뜨]

· 감자튀김만 하나 할게요.

쐴르멍 데 프히뜨, 씰 부 쁠레.
Seulement des frites, s'il vous plaît.

· 감자튀김만 얼마예요?

꽁비앙 꾸뜨 윈 프히뜨?
Combien coûte une frite ?

24 세트

menu
[므뉘]

· 5번 세트 주세요.

르 므뉘 쌍끄, 씰 부 쁠레.
Le menu 5, s'il vous plaît.

· 세트 가격이에요?

에 쓰 르 프히 뿌흐 르 므뉘?
Est-ce le prix pour le menu ?

25 단품

à la carte
[알라 꺅뜨]

· 아니요, 단품으로요.

농, 알라 꺅뜨.
Non, à la carte.

26 여기서 먹을 거예요

sur place
[쒸흐 쁠라쓰]

· 드시고 가세요? 아니면 포장이세요?

쒸흐 쁠라쓰 우 아 엉뽁떼?
Sur place ou à emporter ?

· 여기서 먹을 거예요.

쒸흐 쁠라쓰.
Sur place.

27 포장이요

à emporter
[아 엉뽁떼]

· 포장이에요.

아 엉뽁떼.
A emporter.

식당

28 소스

sauce
[쏘쓰]

· 소스는 뭐뭐 있어요?

까베 부 꼼 쏘쓰?
Qu'avez-vous comme sauce ?

· 그냥 케첩 주세요.

쥐스뜨 뒤 께챱, 씰 부 쁠레.
Juste du ketchup, s'il vous plaît.

· 칠리 소스 주세요.

들라 쏘쓰 삐껑뜨, 씰 부 쁠레.
De la sauce piquante, s'il vous
plaît.

29 얼음

glaçons
[글라쏭]

· 얼음 많이 주세요.

보꾸 드 글라쏭, 씰 부 쁠레.
Beaucoup de glaçons, s'il vous
plaît.

· 얼음 조금만 주세요.

앙 쁘띠 뿌 드 글라쏭, 씰 부 쁠레.
Un petit peu de glaçons, s'il
vous plaît.

· 얼음 빼고 주세요.　　　썽 글라쏭, 씰 부 쁠레.
　　　　　　　　　　　　Sans glaçons, s'il vous plaît.

30 냅킨 serviette
[쎄흐비에뜨]

· 냅킨 어디 있어요?　　　우 쏭 레 쎄흐비에뜨?
　　　　　　　　　　　　Où sont les serviettes ?

· 냅킨 더 주세요.　　　　쁠뤼스 드 쎄흐비에뜨, 씰 부 쁠레.
　　　　　　　　　　　　Plus de serviettes, s'il vous plaît.

31 뜨거운 chaud
[쇼]

식당

· 뜨거운 아메리카노 한 잔　앙 꺄페 알롱졔 쇼, 씰 부 쁠레.
이요.　　　　　　　　　　Un café allongé chaud, s'il vous plaît.

· 뜨거운 라테 한 잔이요.　앙 라테 쇼, 씰 부 쁠레.
　　　　　　　　　　　　Un latte chaud, s'il vous plait.

· 머그에 뜨거운 물 좀 주세요.　도네 무아 들로 쇼드 덩 쥔 따쓰,
　　　　　　　　　　　　　　씰 부 쁠레.
　　　　　　　　　　　　　　Donnez-moi de l'eau chaude
　　　　　　　　　　　　　　dans une tasse, s'il vous plaît.

32 아이스 glacé
[글라쎄]

· 아이스 아메리카노 한 잔
　이요.

앙 까페 알롱제 글라쎄, 씰 부 쁠레.
Un café allongé glacé, s'il vous
plaît.

· 아이스 라테 한 잔이요.

앙 라테 글라쎄, 씰 부 쁠레.
Un latte glacé, s'il vous plaît.

· 얼음물 주세요.

들로 글라쎄, 씰 부 쁠레.
De l'eau glacée, s'il vous plaît.

33 우유

lait
[레]

· 우유 많이 넣어주세요.	아벡 보꾸 들레, 씰 부 쁠레. Avec beaucoup de lait, s'il vous plaît.
· 우유 어떤 걸로 넣어드릴까요?	껠 띱 들레 부드히에 부? Quel type de lait voudriez-vous ?
· 무지방 우유로 넣어주세요.	레 에크헤메, 씰 부 쁠레. Lait écrémé, s'il vous plaît.
· 저지방 우유로 넣어주세요.	레 드미 에크헤메, 씰 부 쁠레. Lait demi-écrémé, s'il vous plaît.
· 두유로 넣어주세요.	레 드 쏘쟈, 씰 부 쁠레. Lait de soja, s'il vous plaît.

식당

34 사이즈

taille
[따이으]

· 사이즈 어떤 걸로 드려요?	껠 따이으 부드히에 부? Quelle taille voudriez-vous ?

· 제일 큰 거 주세요.

르 쁠뤼 그헝, 씰 부 쁠레.
Le plus grand, s'il vous plaît.

· 제일 작은 거 주세요.

르 쁠뤼 쁘띠, 씰 부 쁠레.
Le plus petit, s'il vous plaît.

35 케이크 gâteau
[갸또]

· 케이크 종류 뭐 있어요?

껠 졍흐 드 갸또 아베 부?
Quel genre de gâteau avez-vous ?

· 이 케이크는 얼마예요?

꽁비앙 꾸뜨 쓰 갸또?
Combien coûte ce gâteau ?

· 한 조각 주세요.

쥬 프헝드헤 윈 빠흐.
Je prendrais une part.

· 초콜릿 케이크 주세요.

쥬 베 프헝드흐 앙 갸또 오 쇼꼴라.
Je vais prendre un gâteau au chocolat.

· 치즈 케이크 주세요.

쥬 베 프헝드흐 앙 치즈케잌.
Je vais prendre un cheesecake.

36 타르트

tarte
[딱뜨]

· 타르트 종류 뭐 있어요?

껠 정흐 드 딱뜨 아베 부?
Quel genre de tarte avez-vous ?

· 이 타르트는 얼마예요?

꽁비앙 꾸뜨 쎄뜨 딱뜨?
Combien coûte cette tarte ?

· 사과 타르트 주세요.

쥬 베 프헝드흐 윈 딱뜨 오 뽐므.
Je vais prendre une tarte aux
pommes.

· 딸기 타르트 주세요.

쥬 베 프헝드흐 윈 딱뜨 오 프헤즈.
Je vais prendre une tarte aux
fraises.

37 샌드위치

sandwich
[썽드위치]

· 샌드위치 있어요?

아베 부 데 썽드위치?
Avez-vous des sandwichs ?

식당

호텔 116p   식당 150p   관광 184p   쇼핑 212p   귀국 234p

· 샌드위치 뭐 있어요?

껠 정흐 드 썽드위치 아베 부?

Quel genre de sandwich avez-vous ?

· 빵 종류는 어떤 걸로 드릴까요?

껠 정흐 드 빵 불레 부?

Quel genre de pain voulez-vous ?

· 그냥 밀가루 빵이요.

쥐스뜨 뒤 빵 블랑, 씰 부 쁠레.

Juste du pain blanc, s'il vous plaît.

· 호밀 빵이요.

뒤 빵 드 쎄글르, 씰 부 쁠레.

Du pain de seigle, s'il vous plaît.

· 여기엔 뭐 들어 있어요?

께 쓰 낄 야 드덩?

Qu'est-ce qu'il y a dedans ?

· 양파 빼 주세요.

썽 조뇽, 씰 부 쁠레.

Sans oignons, s'il vous plaît.

· 야채 추가요.

아쥬떼 데 레귐, 씰 부 쁠레.

Ajoutez des légumes, s'il vous plaît.

· 치즈 추가요.

아쥬떼 뒤 프호마쥬, 씰 부 쁠레.

Ajoutez du fromage, s'il vous plaît.

· 햄 추가요.

아쥬떼 뒤 졍봉, 씰 부 쁠레.
Ajoutez du jambon, s'il vous plaît.

38 와이파이 📶

WIFI
[위피]

· 여기 와이파이 되나요?

부 자베 들라 위피 이씨?
Vous avez de la WIFI ici ?

· 와이파이 비밀번호 뭐예요?

껠 레 르 모 드 빠쓰 들라 위피?
Quel est le mot de passe de la WIFI ?

· 와이파이 좀 연결해 주세요.

뿌베 부 므 꼬넥떼 알라 위피, 씰 부 쁠레?
Pouvez-vous me connecter à la WIFI, s'il vous plaît ?

식당

39 화장실 🚻

toilettes
[뚜알레뜨]

· 화장실 어디 있어요?

우 쏭 레 뚜알레뜨?
Où sont les toilettes ?

· 누구 있어요?

에 쓰 낄 야 껠깡 덩 레 뚜알레뜨?
Est-ce qu'il y a quelqu'un dans les toilettes ?

· 화장실이 잠겼는데요.

레 뚜알레뜨 쏭 페흐메.
Les toilettes sont fermées.

위급상황

01 너무 짠
trop salé
[트호 쌀레]

02 너무 뜨거운
trop chaud
[트호 쇼]

03 너무 차가운
trop froid
[트호 프후아]

04 너무 매운
trop épicé
[트호 뻬삐쎄]

05 맛이 이상한
bizarre
[비자흐]

06 리필하다
rajouter
[하쥬떼]

07 ~이 없어요
il n'y a pas de
[일 냐 빠 드]

식당

· 이거 너무 짜요.

쎄 트호 쌀레.
C'est trop salé.

· 이거 너무 뜨거워요.

쎄 트호 쇼.
C'est trop chaud.

· 조심하세요, 접시 뜨거워요.

아떵씨옹, 르 쁠라 에 쇼.
Attention, le plat est chaud.

· 이거 너무 차가워요.

쎄 트호 프후아.
C'est trop froid.

· 데워 주세요.

헤쇼페 싸, 씰 부 쁠레.
Réchauffez ça, s'il vous plaît.

· 이거 너무 매워요.

쎄 트호 뻬삐쎄.
C'est trop épicé.

· 너무 싱거워요.

쎄 트호 파드.
C'est trop fade.

· 소금 좀 주세요.

쀠 쥬 아부아흐 앙 뿌 드 쎌, 씰 부 쁠레?
Puis-je avoir un peu de sel, s'il vous plaît ?

· 이거 맛이 이상한데요.　　　싸 아 앙 구 비자흐.
　　　　　　　　　　　　　　　Ça a un goût bizarre.

· 리필 되나요?　　　　　　　뿌베 부 헝쁠리흐 싸?
　　　　　　　　　　　　　　　Pouvez-vous remplir ça ?

· 이거 리필해 주세요.　　　　헝쁠리쎄 싸 아 누보, 씰 부 쁠레.
　　　　　　　　　　　　　　　Remplissez ça à nouveau, s'il
　　　　　　　　　　　　　　　vous plaît.

· 다른 음료로 리필해 주세요.　뾔 쥬 아부아흐 아 노트흐 부아쏭?
　　　　　　　　　　　　　　　Puis-je avoir une autre boisson ?

· 우유가 없어요.　　　　　　일 냐 빠 들레.
　　　　　　　　　　　　　　　Il n'y a pas de lait.

· 소금이 없어요.　　　　　　일 냐 빠 드 쎌.
　　　　　　　　　　　　　　　Il n'y a pas de sel.

식당

빨리찾아

01	매표소	**billetterie** [비에트히]
02	할인	**réduction** [헤뒥씨옹]
03	입구	**entrée** [엉트헤]
04	출구	**sortie** [쏙띠]
05	입장료	**prix d'entrée** [프히 덩트헤]
06	추천	**recommandation** [흐꼬멍다씨옹]
07	안내소	**comptoir d'informations** [꽁뚜아 당포흐마씨옹]
08	관광 명소	**attraction touristique** [아트학씨옹 뚜히스띠끄]

관광

17	시티 투어	**tour de la ville** [뚜흐 들라 빌]
18	지도	**carte** [꺅뜨]
19	선물 가게	**boutique de souvenirs** [부띠끄 드 쑤브니흐]
20	공연	**spectacle** [스뻭따끌르]
21	예매	**réservation** [헤제흐바씨옹]
22	공연 시간	**durée de représentation** [뒤헤 드 흐프헤정따씨옹]
23	매진된	**épuisé** [에쀠제]
24	좌석	**place** [쁠라쓰]

25	휴식 시간	**entracte** [엉트학뜨]
26	자막	**sous-titres** [쑤띠뜨흐]
27	금지	**interdiction** [앙떼흐딕씨옹]
28	화장실	**toilettes** [뚜알레뜨]

관광

관광할 때

01 매표소 🖼 billetterie
[비에트히]

· 매표소 어디예요?

우 에 라 비에트히?
Où est la billetterie ?

· 매표소 가까워요?

라 비에트히 에 뗄 프헤 디씨?
La billetterie est-elle près d'ici ?

· 매표소 열었어요?

라 비에트히 에 뗄 우벡뜨?
La billetterie est-elle ouverte ?

· 매표소에 사람이 없어요.

일 냐 뻭쏜 알라 비에트히.
Il n'y a personne à la billetterie.

02 할인 💸 réduction
[헤뒥씨옹]

· 할인되나요?	쥬 뿌 아부아흐 윈 헤뒥씨옹, 씰 부 쁠레?
	Je peux avoir une réduction, s'il vous plaît ?
· 학생 할인되나요?	쥬 뿌 아부아흐 앙 따히프 에뛰디엉, 씰 부 쁠레?
	Je peux avoir un tarif étudiant, s'il vous plaît ?
· 할인된 가격이에요?	에 쓰 앙 프히 헤뒤?
	Est-ce un prix réduit ?

03 입구

entrée
[엉트헤]

· 입구가 어디예요?	우 에 렁트헤?
	Où est l'entrée ?
· 입구가 안 보여요.	쥬 느 트후브 빠 렁트헤.
	Je ne trouve pas l'entrée.

관광

· 이 방향이 입구예요?　　　　럼트헤 에 뗄 덩 쓰 썽스?
　　　　　　　　　　　　　　L'entrée est-elle dans ce sens ?

04 출구

sortie
[쏙띠]

· 출구가 어디죠?　　　　　　우 에 라 쏙띠?
　　　　　　　　　　　　　　Où est la sortie ?

· 출구가 안 보여요.　　　　　쥬 느 트후브 빠 라 쏙띠.
　　　　　　　　　　　　　　Je ne trouve pas la sortie.

· 이 방향이 출구예요?　　　　라 쏙띠 에 뗄 덩 쓰 썽스?
　　　　　　　　　　　　　　La sortie est-elle dans ce sens ?

05 입장료

prix d'entrée
[프히 덩트헤]

· 입장료가 얼마죠?　　　　　꽁비앙 꾸뜨 렁트헤?
　　　　　　　　　　　　　　Combien coûte l'entrée ?

· 어린이 입장료는 얼마죠? 꽁비앙 꾸뜨 렁트헤 뿌흐 레 정펑?
Combien coûte l'entrée pour les
enfants ?

· 어른 입장료는 얼마죠? 꽁비앙 꾸뜨 렁트헤 뿌흐 레 자
뒬뜨?
Combien coûte l'entrée pour les
adultes ?

· 입장료만 내면 다 볼 수 있 에 쓰 끄 렁트헤 꾸브흐 뚜?
나요? Est-ce que l'entrée couvre tout ?

06 추천 👍 recommandation
[흐꼬멍다씨옹]

· 추천할 만한 볼거리 있어요? 아베 부 원 흐꼬멍다씨옹 쒸흐 쓰
낄 포 부아흐?
Avez-vous une recommandation
sur ce qu'il faut voir ?

· 제일 추천하는 건 뭐예요? 끄 흐꼬멍드히에 부 르 쁠뤼스?
Que recommanderiez-vous le
plus ?

· 추천하는 코스가 있나요?　　　뿌베 부 흐꼬멍데 아 니띠네헤흐?
　　　　　　　　　　　　　　　Pouvez-vous recommander un
　　　　　　　　　　　　　　　itinéraire ?

07 안내소

comptoir d'informations
[꽁뚜아흐 당포흐마씨옹]

· 안내소가 어디예요?　　　　　우 에 르 꽁뚜아흐 당포흐마씨옹?
　　　　　　　　　　　　　　　Où est le comptoir
　　　　　　　　　　　　　　　d'informations ?

· 안내소가 여기서 멀어요?　　　르 꽁뚜아흐 당포흐마씨옹 에 띨
　　　　　　　　　　　　　　　루앙 디씨?
　　　　　　　　　　　　　　　Le comptoir d'information est-il
　　　　　　　　　　　　　　　loin d'ici ?

· 가까운 안내소는 어디예요?　　우 쓰 트후브 르 꽁뚜아흐 당포흐
　　　　　　　　　　　　　　　마씨옹 르 쁠뤼 프호슈?
　　　　　　　　　　　　　　　Où se trouve le comptoir
　　　　　　　　　　　　　　　d'informations le plus proche ?

08 관광 명소

attraction touristique
[아트학씨옹 뚜히스띠끄]

· 제일 유명한 관광 명소가 어떤 거죠?

껠 레 라트학씨옹 뚜히스띠끄 라 쁠뤼 뽀뿔레흐 이씨?
Quelle est l'attraction touristique la plus populaire ici ?

· 관광 명소 추천해 주세요.

뿌베 부 므 흐꼬멍데 위 나트학씨옹 뚜히스띠끄, 씰 부 쁠레?
Pouvez-vous me recommander une attraction touristique, s'il vous plaît ?

09 브로셔

brochure
[브호쉬흐]

· 브로셔 어디서 구해요?

우 쀠 쥬 아부아흐 라 브호쉬흐?
Où puis-je avoir la brochure ?

관광

· 브로셔 하나 주세요.

도네 무아 윈 브호쉬흐, 씰 부 쁠레.
Donnez-moi une brochure, s'il
vous plaît.

· 한국어 브로셔 있어요?

아베 부 윈 브호쉬흐 엉 꼬헤앙?
Avez-vous une brochure en
coréen ?

· 영어 브로셔 있어요?

아베 부 윈 브호쉬흐 어 넝글레?
Avez-vous une brochure en
anglais ?

10 영업 시간

horaires
d'ouverture
[오헤흐 두벡뛰흐]

· 영업 시간이 언제예요?

껠 쏭 레 조헤흐 두벡뛰흐?
Quels sont les horaires
d'ouverture ?

· 언제 열어요?

부 주브헤 아 껠 뢰흐?
Vous ouvrez à quelle heure ?

· 언제 닫아요?

부 페흐메 아 껠 뢰흐?
Vous fermez à quelle heure ?

11 시간표 **horaire**
[오헤흐]

· 시간표 어디서 봐요?

우 에 쓰 끄 쥬 뿌 부아흐 레 조헤흐?
Où est-ce que je peux voir les horaires ?

· 이 공연 시간표가 어떻게 되나요?

껠 쏭 레 조헤흐 드 쓰 스뻭따끌르?
Quels sont les horaires de ce spectacle ?

· 해설사가 설명해주는 건 언제예요?

아 껠 뢰흐 에 라 비지뜨 기데?
À quelle heure est la visite guidée ?

관광

12 사진 photo
[포또]

· 사진 찍으시면 안 됩니다.
레 포또 쏭 땅떼흐디뜨.
Les photos sont interdites.

· 사진 찍어도 되나요?
뿨 쥬 프헝드흐 윈 포또?
Puis-je prendre une photo ?

· 사진 한 장만 찍어줄래요?
뿌베 부 프헝드흐 윈 포또, 씰 부 쁠레?
Pouvez-vous prendre une photo, s'il vous plaît ?

· 이거랑 같이 찍어주세요.
프흐네 윈 포또 아벡 싸, 씰 부 쁠레.
Prenez une photo avec ça, s'il vous plaît.

· 우리 같이 찍어요.
에 쓰 꽁 뿌 프헝드흐 윈 포또 엉썽블르?
Est-ce qu'on peut prendre une photo ensemble ?

13 설명

explication
[엑쓰쁠리까씨옹]

· 이거 설명해 주세요.

뿌베 부 멕쓰쁠리께 싸, 씰 부 쁠레?
Pouvez-vous m'expliquer ça, s'il
vous plaît ?

· 설명해 주시는 분 있어요?

아베 부 앙 기드?
Avez-vous un guide ?

· 한국어로 된 설명도 있어요?

아베 부 윈 엑쓰쁠리까씨옹 엉 꼬
헤앙?
Avez-vous une explication en
coréen ?

· 영어로 된 설명도 있어요?

아베 부 윈 엑쓰쁠리까씨옹 어 넝
글레?
Avez-vous une explication en
anglais ?

관광

14 일정 🕐

programmation
[프흐그하마씨옹]

· 이 공연 스케줄은 언제예요?

껠 레 라 프흐그하마씨옹 드 쓰 스
뻭따끌르?
Quelle est la programmation de
ce spectacle ?

· 자세한 스케줄은 어디서
봐요?

우 에 쓰 끄 쥬 뿌 부아흐 라 프흐
그하마씨옹 엉 데따이?
Où est-ce que je peux voir la
programmation en détail ?

· 이 스케줄이 맞아요?

에 쓰 끄 쎄뜨 프흐그하마씨옹 에
꼬헥뜨?
Est-ce que cette programmation
est correcte ?

15 출발 départ
[데빠흐]

· 출발이 언제예요?
아 껠 뢰흐 에 르 데빠흐?
À quelle heure est le départ ?

· 출발을 조금만 늦게 하면 안 되나요?
에 쓰 꽁 뿌 빡띠흐 쁠뤼 따흐?
Est-ce qu'on peut partir plus tard ?

· 출발 시간이 너무 빨라요.
뢰흐 드 데빠흐 에 트호 또.
L'heure de départ est trop tôt.

16 도착 arrivée
[아히베]

· 도착이 언제예요?
아 껠 뢰흐 에 라히베?
À quelle heure est l'arrivée ?

· 도착 시간이 늦네요.
뢰흐 다히베 에 트호 따흐.
L'heure d'arrivée est trop tard.

관광

호텔 116p   식당 150p   관광 184p   쇼핑 212p   귀국 234p

17 시티 투어 tour de la ville
[뚜흐 들라 빌]

· 시티 투어 하고 싶어요.	쥬 부드헤 페흐 앙 뚜흐 들라 빌. Je voudrais faire un tour de la ville.
· 시티 투어 예약하고 싶어요.	쥬 부드헤 헤제흐베 뿌흐 앙 뚜흐 들라 빌. Je voudrais réserver pour un tour de la ville.
· 시티 투어 자리 있어요?	아베 부 데 쁠라쓰 뿌흐 앙 뚜흐 들라 빌? Avez-vous des places pour un tour de la ville ?

18 지도 carte
[꺅뜨]

· 지도 있어요?	아베 부 윈 꺅뜨? Avez-vous une carte ?

· 시티 투어 지도 있어요?

아베 부 윈 꺅뜨 뿌흐 르 뚜흐 들 라 빌?

Avez-vous une carte pour le tour de la ville ?

· 지도 좀 같이 봐도 될까요?

뿌베 부 빠따제 보트흐 꺅뜨 아벡 무아, 씰 부 쁠레?

Pouvez-vous partager votre carte avec moi, s'il vous plaît ?

19 선물 가게 🎁 boutique de souvenirs

[부띠끄 드 쑤브니흐]

· 선물 가게 어디 있어요?

우 에 라 부띠끄 드 쑤브니흐?

Où est la boutique de souvenirs ?

· 선물 가게 열었나요?

라 부띠끄 드 쑤브니흐 에 뗄 우 벡뜨?

La boutique de souvenirs est-elle ouverte ?

관광

· 기념품 사려고요.

쥬 부드헤 아슈떼 데 쑤브니흐.
Je voudrais acheter des
souvenirs.

20 공연   spectacle
[스뻭따끌르]

· 공연 볼 거예요.

쥬 베 부아흐 르 스뻭따끌르.
Je vais voir le spectacle.

· 공연 언제 시작해요?

아 껠 뢰흐 꼬멍쓰 르 스뻭따끌르?
À quelle heure commence le
spectacle ?

· 공연 언제 끝나요?

아 껠 뢰흐 피니 르 스뻭따끌르?
À quelle heure finit le spectacle ?

· 공연이 취소되었습니다.

르 스뻭따끌르 아 에떼 아뉠레.
Le spectacle a été annulé.

21 예매

réservation
[헤제흐바씨옹]

· 티켓 예매하려고요.

쥬 수에뜨헤 에펙뛰에 윈 헤제흐
바씨옹.
Je souhaiterais effectuer une
réservation.

· 예매하면 할인되나요?

에 쥬 윈 헤뒄씨옹 씨 쥬 헤제흐브?
Ai-je une réduction si je réserve ?

· 예매 안 했어요.

쥬 네 빠 페 드 헤제흐바씨옹.
Je n'ai pas fait de réservation.

22 공연 시간

**durée de
représentation**
[뒤헤 드 흐프헤정따씨옹]

· 공연 시간이 얼마나 되죠?

꽁비앙 드 떵 뒤흐 르 스뻭따끌르?
Combien de temps dure le
spectacle ?

관광

호텔 116p   식당 150p   관광 184p   쇼핑 212p   귀국 234p

· 공연 시간 동안 뭐 먹어도
되나요?

에 쓰 끄 쥬 뿌 멍제 뒤헝 르 스뻭
따끌르?

Est-ce que je peux manger
durant le spectacle ?

· 공연 시간 동안 사진 찍어
도 되나요?

에 쓰 끄 쥬 뿌 프헝드흐 데 포또
뒤헝 르 스뻭따끌르?

Est-ce que je peux prendre des
photos durant le spectacle ?

23 매진된

épuisé
[에쀠제]

· 매진되었나요?

레 쁠라쓰 쏭 뗄 에쀠제?
Les places sont-elles épuisées ?

· 다음 공연은 몇 시예요?

아 껠 뢰흐 에 르 프호샹 스뻭따
끌르?
À quelle heure est le prochain
spectacle ?

· 아예 표가 없어요?

부 나베 쁠뤼 드 비에 뒤 뚜?
Vous n'avez plus de billets du tout ?

· 자리가 나면 연락 주세요.

아쁠레 무아 껑 부 자베 데 쁠라쓰 디스뽀니블, 씰 부 쁠레.
Appelez-moi quand vous avez des places disponibles, s'il vous plaît.

TIP 영어의 티켓도 통용되지만, 그보다 더 많이 사용되는 어휘가 바로 교통, 콘서트, 기차표, 입장권 등을 통칭하는 billet[비에].

24 좌석

place
[쁠라쓰]

· 앞 좌석으로 주세요.

도네 무아 데 쁠라쓰 아 라벙, 씰 부 쁠레.
Donnez-moi des places à l'avant, s'il vous plaît.

관광

· 뒷좌석으로 주세요.

도네 무아 데 쁠라쓰 아 라히에흐, 씰 부 쁠레.

Donnez-moi des places à l'arrière, s'il vous plaît.

· 중간 좌석으로 주세요.

도네 무아 데 쁠라쓰 오 밀리우, 씰 부 쁠레.

Donnez-moi des places au milieu, s'il vous plaît.

· 좋은 자리로 주세요.

도네 무아 드 본 쁠라쓰, 씰 부 쁠레.

Donnez-moi de bonnes places, s'il vous plaît.

25 휴식 시간 ⏱ entracte
[엉트학뜨]

· 휴식 시간이 언제예요?

껑 떼 쓰 께 렁트학뜨?

Quand est-ce qu'est l'entracte ?

· 휴식 시간 있어요?

에 쓰 낄 야 윈 엉트학뜨?

Est-ce qu'il y a une entracte ?

· 휴식 시간이 몇 분이에요?　꽁비앙 드 떵 뒤흐 렁트학뜨?
Combien de temps dure
l'entracte ?

26 자막 .Smi

sous-titres
[쑤띠트흐]

· 자막 있어요?　아베 부 데 쑤띠트흐?
Avez-vous des sous-titres ?

· 한국어 자막 있어요?　아베 부 데 쑤띠트흐 엉 꼬헤앙?
Avez-vous des sous-titres en
coréen ?

· 영어 자막 나와요?　아베 부 데 쑤띠트흐 어 넝글레?
Avez-vous des sous-titres en
anglais ?

관광

호텔 116p　　식당 150p　　관광 184p　　쇼핑 212p　　귀국 234p

27 금지 🚫

interdiction
[앙떼흐딕씨옹]

· 촬영 금지	포또 앙떼흐디뜨. Photos interdites.
· 플래시 금지	플라쉬 앙떼흐디. Flash interdit.
· 진입 금지	엉트헤 앙떼흐디뜨. Entrée interdite.
· 반려동물 금지	아니모 앙떼흐디. Animaux interdits.
· 비디오 촬영 금지	비데오 앙떼흐디뜨. Vidéos interdites.

28 화장실 ♀|♂

toilettes
[뚜알레뜨]

· 화장실 어디 있어요?

우 쏭 레 뚜알레뜨?
Où sont les toilettes ?

· 화장실 밖으로 나가야 되나요?

레 뚜알레뜨 쏭 뗄 아 렉스떼히외흐?
Les toilettes sont-elles à l'extérieur ?

· 화장실 머나요?

레 뚜알레뜨 쏭 뗄 루앙?
Les toilettes sont-elles loin ?

관광

위급상황

· 티켓 잃어버렸어요.　　　　제 뻬흐뒤 몽 비에.
　　　　　　　　　　　　　J'ai perdu mon billet.

· 가방 잃어버렸어요.　　　　제 뻬흐뒤 몽 싹.
　　　　　　　　　　　　　J'ai perdu mon sac.

· 제 휴대폰 잃어버렸어요.　　제 뻬흐뒤 몽 뗄레폰 뽁따블르.
　　　　　　　　　　　　　J'ai perdu mon téléphone
　　　　　　　　　　　　　portable.

· 제 가이드를 잃어버렸어요.　제 뻬흐뒤 몽 기드.
　　　　　　　　　　　　　J'ai perdu mon guide.

· 분실물 센터가 어디예요?　우 쓰 트후브 르 썽트흐 데 조브제
　　　　　　　　　　　　　흐트후베?
　　　　　　　　　　　　　Où se trouve le centre des
　　　　　　　　　　　　　objets retrouvés ?

· 제 버스 찾아야 해요.　　　쥬 두아 트후베 몽 뷔스.
　　　　　　　　　　　　　Je dois trouver mon bus.

관광

· 공중전화 어디 있어요?　　우 에 라 까빈 뗄레포니끄?
　　　　　　　　　　　　　Où est la cabine téléphonique ?

빨리찾아

쇼핑

쇼핑할 때

01 청바지

jeans
[진]

· 청바지 보려고요.

쥬 셰슈 데 진.
Je cherche des jeans.

· 반바지 있어요?

부 자베 데 쑉뜨?
Vous avez des shorts ?

02 후드

sweat
[스위트]

· 후드 티 종류 보려고요.

쥬 셰슈 데 스위트.
Je cherche des sweats.

· 후드 티 어디 있어요?

우 쏭 레 스위트?
Où sont les sweats ?

· 트레이닝 상의 있어요?

부 자베 데 베스뜨 드 쒸흐베뜨멍?
Vous avez des vestes de
survêtement ?

쇼핑

호텔 116p   식당 150p   관광 184p   쇼핑 212p   귀국 234p

03 셔츠

chemise
[슈미즈]

· 셔츠 보려고요.

쥬 셰슈 데 슈미즈.
Je cherche des chemises.

· 반팔 셔츠 볼게요.

부 정 아베 데 쁠뤼 롱그?
Vous en avez des plus longues ?

· 넥타이도 볼 거예요.

쥬 셰슈 오씨 데 크하바뜨.
Je cherche aussi des cravates.

04 치마

jupe
[쥐쁘]

· 치마 보려고요.

쥬 셰슈 데 쥐쁘.
Je cherche des jupes.

· 긴 치마 있어요?

부 자베 데 롱그 쥐쁘?
Vous avez des longues jupes ?

· 짧은 치마 있어요?

부 자베 데 미니 쥐쁘?
Vous avez des mini-jupes ?

05 입어/ 신어볼게요

essayer
[에쎄이에]

· 이거 입어/신어볼게요.
쥬 부드헤 에쎄이에 싸.
Je voudrais essayer ça.

· 다른 거 입어/신어볼게요.
쥬 부드헤 어 네쎄이에 아 <u>노트흐</u>.
Je voudrais en essayer un autre.

06 피팅룸

cabine d'essayage
[꺄빈 데쎄이아쥬]

· 피팅룸 어디예요?
우 에 라 꺄빈 데쎄이아쥬, 씰 부 쁠레?
Où est la cabine d'essayage, s'il vous plaît ?

· 피팅룸 못 찾겠어요.
쥬 느 트후브 빠 라 꺄빈 데쎄이 아쥬.
Je ne trouve pas la cabine d'essayage.

쇼핑

· 이걸로 할게요.

쥬 베 프헝드흐 싸.
Je vais prendre ça.

07 사이즈 🐕

taille
[따이으]

· 사이즈가 어떻게 되세요?

껠 따이으 뽀떼 부?
Quelle taille portez-vous ?

· 커요.

쎄 트호 그헝.
C'est trop grand.

· 작아요.

쎄 트호 쁘띠.
C'est trop petit.

· 더 큰 걸로 주세요.

쥬 부드헤 윈 쁠뤼 그헝드 따이으.
Je voudrais une plus grande
taille.

· 더 작은 걸로 주세요.

쥬 부드헤 윈 쁠뤼 쁘띠뜨 따이으.
Je voudrais une plus petite
taille.

08 지역

local
[로꺌]

· 이 지역에서 유명한 게 뭐예요?

껠 레 르 프호뒤 로꺌 르 쁠뤼 꼬뉘 이씨?
Quel est le produit local le plus connu ici ?

09 포장

emballage
[엉발라쥬]

· 포장해 주세요.

엉발레, 씰 부 쁠레.
Emballez, s'il vous plaît.

· 포장하는데 돈 들어요?

에 쓰 끄 르 빠삐에 까도 에 뻬이엉?
Est-ce que le papier cadeau est payant ?

쇼핑

호텔 116p   식당 150p   관광 184p   쇼핑 212p   귀국 234p

10 추천 👍

recommandation
[흐꼬멍다씨옹]

· 추천할 만한 선물 있어요?

쥬 부드헤 오프히흐 앙 까도. 끄 므 꽁쎄이에 부?
Je voudrais offrir un cadeau.
Que me conseillez-vous ?

· 부모님 선물 추천해 주세요.

뿌베 부 므 흐꼬멍데 앙 까도 뿌흐 메 빠헝, 씰 부 쁠레?
Pouvez-vous me recommander un cadeau pour mes parents, s'il vous plaît ?

· 남자 친구 선물 추천해 주세요.

뿌베 부 므 흐꼬멍데 앙 까도 뿌흐 몽 꼬빵, 씰 부 쁠레?
Pouvez-vous me recommander un cadeau pour mon copain, s'il vous plaît ?

· 여자 친구 선물 추천해 주세요.

뿌베 부 므 흐꼬멍데 앙 까도 뿌흐 마 꼬삔, 씰 부 쁠레?
Pouvez-vous me recommander un cadeau pour ma copine, s'il vous plaît ?

기내 30p   공항 46p   거리 68p   택시&버스 84p   전철&기차 98p

11 선물

cadeau
[까도]

· 선물 포장해 주세요.

뿌베 부 페흐 아 낭발라쥬 까도 뿌흐 쓰뤼 라, 씰 부 쁠레?
Pouvez-vous faire un emballage cadeau pour celui-là, s'il vous plaît ?

· 선물로 뭐가 좋은가요?

께 쓰 끼 에 비앙 뿌흐 오프히흐?
Qu'est-ce qui est bien pour offrir ?

12 지불

régler
[헤글레]

· 지불은 어떻게 하시겠어요?

꼬멍 헤글레헤 부?
Comment réglerez-vous ?

· 신용카드 되나요?

악쎕떼 부 레 꺅뜨 드 크헤디?
Acceptez-vous les cartes de crédit ?

쇼핑

· 현금으로 할게요.

쥬 베 헤글레 어 네스뻬쓰.
Je vais régler en espèces.

13 할인

réduction
[헤뒥씨옹]

· 할인되나요?

에 쓰 끄 쥬 뿌 아부아흐 윈 헤뒥씨옹, 씰 부 쁠레?
Est-ce que je peux avoir une réduction, s'il vous plaît ?

14 세일

promotion
[프로모씨옹]

· 이거 세일해요?

쎄 떵 프호모씨옹?
C'est en promotion ?

· 이건 세일 품목이 아닙
니다.

쓰뤼 라 네 빠 정 프호모씨옹.
Celui-là n'est pas en promotion.

15 영수증 📃

ticket
[띠께]

· 영수증 드릴까요?

부 불레 르 띠께?
Vous voulez le ticket?

· 영수증 주세요.

쥬 부드헤 르 띠께 씰 부 쁠레.
Je voudrais le ticket, s'il vous plaît.

16 둘러보다 👀

faire un tour
[페흐 앙 뚜흐]

· 그냥 보는 거예요, 감사합니다.

쥬 흐갸흐드 쥐스뜨, 멕씨.
Je regarde juste, merci.

· 도움이 필요하면 부를게요, 감사합니다.

쥬 부 자쁠르헤 씨 제 브주앙, 멕씨.
Je vous appellerais si j'ai besoin, merci.

쇼핑

호텔 116p   식당 150p   관광 184p   쇼핑 212p   귀국 234p

17 이거 있어요? vous avez ça ?
[부 자베 싸?]

· 다른 거 있어요?

부 저 나베 아 노트흐?
Vous en avez un autre ?

· 색깔 다른 거 있어요?

부 자베 위 노트흐 꿀뢰흐?
Vous avez une autre couleur ?

· 큰 거 있어요?

부 라베 엉 쁠뤼 그헝?
Vous l'avez en plus grand ?

· 작은 거 있어요?

부 라베 엉 쁠뤼 쁘띠?
Vous l'avez en plus petit ?

18 향수

parfum
[빠팡]

· 향수 보려고요.

쥬 부드헤 부아흐 껠끄 빠팡, 씰 부 쁠레.
Je voudrais voir quelques parfums, s'il vous plaît.

· 이거 시향해 볼게요.　　　쥬 부드헤 에쎄이에 쓸뤼 라.
　　　　　　　　　　　　　Je voudrais essayer celui-là.

· 달콤한 향 있어요?　　　　부 자베 데 빡팡 쒸크헤?
　　　　　　　　　　　　　Vous avez des parfums sucrés ?

· 무거운 향 있어요?　　　　부 자베 데 빡팡 루흐?
　　　　　　　　　　　　　Vous avez des parfums lourds ?

· 가벼운 향 있어요?　　　　부 자베 데 빡팡 레제흐?
　　　　　　　　　　　　　Vous avez des parfums légers ?

19 화장품 📱🎁　　　cosmétique
　　　　　　　　　　　　　[꼬스메띠끄]

· 화장품 보려고요.　　　　쥬 부드헤 부아흐 껠끄 꼬스메띠
　　　　　　　　　　　　　끄, 씰 부 쁠레.
　　　　　　　　　　　　　Je voudrais voir quelques
　　　　　　　　　　　　　cosmétiques, s'il vous plaît.

· 화장품 코너 어디예요?　　우 쏭 레 꼬스메띠끄, 씰 부 쁠레?
　　　　　　　　　　　　　Où sont les cosmétiques, s'il
　　　　　　　　　　　　　vous plaît ?

쇼핑

20 시계 ⏰

montre
[몽트흐]

· 손목시계 보려고요.

쥬 부드헤 부아흐 껠끄 몽트흐, 씰 부 쁠레.

Je voudrais voir quelques montres, s'il vous plaît.

· 남성용으로요.

에 쓰 끄 쥬 뿌 부아흐 보 몽트흐 뿌흐 옴므, 씰 부 쁠레?

Est-ce que je peux voir vos montres pour hommes, s'il vous plaît ?

· 여성용으로요.

에 쓰 끄 쥬 뿌 부아흐 보 몽트흐 뿌흐 팜므, 씰 부 쁠레?

Est-ce que je peux voir vos montres pour femmes, s'il vous plaît ?

21 가방 🐱

sac
[싹]

· 가방 보려고요.	쥬 부드헤 부아흐 껠끄 싹, 씰 부 쁠레. Je voudrais voir quelques sacs, s'il vous plaît.
· 숄더백 보여주세요.	몽트헤 무아 보 싸 껑 벙둘리에흐, 씰 부 쁠레. Montrez-moi vos sacs en bandoulière, s'il vous plaît.
· 토트백 보여주세요.	몽트헤 무아 보 싹 아 망, 씰 부 쁠레. Montrez-moi vos sacs à main, s'il vous plaît.
· 지갑 보여주세요.	몽트헤 무아 보 뽀뜨푀이으, 씰 부 쁠레. Montrez-moi vos portefeuilles, s'il vous plaît.

쇼핑

22 주류 🍷 　　　alcool
[알꼴]

· 술은 어디서 사요?

우 에 쓰 끄 쥬 뿌 아슈떼 드 랄꼴?
Où est-ce que je peux acheter
de l'alcool ?

· 위스키 보여주세요.

몽트헤 무아 보 위스끼, 씰 부 쁠레.
Montrez-moi vos whiskys, s'il
vous plaît.

· 와인 보여주세요.

몽트헤 무아 보 방, 씰 부 쁠레.
Montrez-moi vos vins, s'il vous
plaît.

· 제가 몇 병 살 수 있어요?

꽁비앙 드 부떼이으 쥬 뿌 아슈떼?
Combien de bouteilles je peux
acheter ?

23 깨지기 쉬운 🍷 **fragile**
[프하질]

· 이거 깨지기 쉬워요.　　　쎄 프하질.
　　　　　　　　　　　　C'est fragile.

· 조심하셔야 해요.　　　　페뜨 아떵씨옹.
　　　　　　　　　　　　Faites attention.

· 잘 포장해 주세요.　　　　엉발레 비앙 씰 부 쁠레.
　　　　　　　　　　　　Emballez bien, s'il vous plaît.

쇼핑

위급상황

· 이미 돈 냈어요!
제 뻬이에!
J'ai payé !

· 내 잘못이 아니에요.
쓰 네 빠 마 포뜨.
Ce n'est pas ma faute.

· 확인해 보셨어요?
부 자베 데쟈 베히피에?
Vous avez déjà vérifié ?

· 경찰을 불러줘요.
아쁠레 라 뽈리쓰, 씰 부 쁠레.
Appelez la police, s'il vous plaît.

· 대사관에 전화하겠어요.
쥬 부드헤 아쁠레 렁바싸드.
Je voudrais appeler
l'ambassade.

· 교환하고 싶어요.
쥬 부드헤 에성졔 싸.
Je voudrais échanger ça.

· 영수증 있으세요?
아베 부 르 띠께?
Avez-vous le ticket ?

쇼핑

· 어떤 걸로 교환하시겠어요?　아벡 쿠아 부드히에 부 레성제?
　　　　　　　　　　　　　Avec quoi voudriez-vous
　　　　　　　　　　　　　l'échanger ?

· 고장났어요.　　　　　　　싸 느 퐁씨온 빠.
　　　　　　　　　　　　　Ça ne fonctionne pas.

· 흠이 있어요.　　　　　　　일레 데펙뛰우.
　　　　　　　　　　　　　Il est défectueux.

· 사이즈 때문에요.　　　　　아 꼬즈 들라 따이으.
　　　　　　　　　　　　　À cause de la taille.

· 이거 환불하고 싶어요.　　　쥬 부드헤 헝북쎄 싸.
　　　　　　　　　　　　　Je voudrais rembourser ça.

· 왜 환불하시려고 하세요?　　께 쓰 끼 느 바 빠?
　　　　　　　　　　　　　Qu'est-ce qui ne va pas ?

· 결제하셨던 카드 있으세요?　아베 부 보트흐 꺅뜨 드 크헤디 아
　　　　　　　　　　　　　벡 라껠 부자베 뻬이에?
　　　　　　　　　　　　　Avez-vous votre carte de crédit
　　　　　　　　　　　　　avec laquelle vous avez payé ?

· 작은 걸로 바꿔 주세요.

쥬 부드헤 앙 쁠뤼 쁘띠.
Je voudrais un plus petit.

· 큰 걸로 바꿔 주세요.

쥬 부드헤 앙 쁠뤼 그헝.
Je voudrais un plus grand.

· 이거 안 맞아요.

싸 느 므 바 빠.
Ça ne me va pas.

· 다른 걸로 주세요.

졍 부드헤 아 노트흐, 씰 부 쁠레.
J'en voudrais un autre, s'il vous plaît.

쇼핑

빨리찾아

귀국할 때

01 확인하다

confirmer
[꽁피흐메]

· 제 비행기 확인하려고요.
쥬 부드헤 꽁피흐메 몽 볼.
Je voudrais confirmer mon vol.

· 제 티켓 확인하려고요.
쥬 부드헤 꽁피흐메 몽 비에.
Je voudrais confirmer mon billet.

· 제 자리 확인하려고요.
쥬 부드헤 꽁피흐메 몽 씨에쥬.
Je voudrais confirmer mon siège.

02 변경하다

changer
[성제]

· 제 비행기 변경하려고요.
쥬 부드헤 성제 몽 볼.
Je voudrais changer mon vol.

호텔 116p   식당 150p   관광 184p   쇼핑 212p   귀국 234p

귀국

· 제 티켓 변경하려고요.

쥬 부드헤 성제 몽 비에.
Je voudrais changer mon billet.

· 제 자리 변경하려고요.

쥬 부드헤 성제 몽 씨에쥬.
Je voudrais changer mon siège.

03 제한

limite
[리미뜨]

· 중량 제한이 얼마예요?

껠 레 라 리미뜨 드 푸아?
Quelle est la limite de poids ?

· 기내 중량 제한은요?

껠 레 라 리미뜨 드 푸아 뿌흐 레
바갸쥬 엉 꺄빈!?
Quelle est la limite de poids
pour les bagages en cabine ?

04 연착

retard
[흐따흐]

· 비행기가 연착되었습니다.   르 볼 아 에떼 흐따흐데.
Le vol a été retardé.

· 얼마나 기다려요?   꽁비앙 드 떵 두아 똥 아떵드흐?
Combien de temps doit-on
attendre ?

· 다른 비행기로 바꿀 수 있
어요?   에 쓰 끄 쥬 뿌 셩졔 몽 볼?
Est-ce que je peux changer
mon vol ?

05 환승

escale
[에스꺌]

· 경유해서 인천으로 가요.   쥬 쒸 장 빠싸졔 어 네스꺌 뿌흐
인천.
Je suis un passager en escale
pour Incheon.

위급상황

· 제 항공권을 잃어버렸어요. 제 뻬흐뒤 마 꺅뜨 덩박끄멍.
J'ai perdu ma carte
d'embarquement.

· 제 여권을 잃어버렸어요. 제 뻬흐뒤 몽 빠쓰뽀흐.
J'ai perdu mon passeport.

· 제 비행기를 놓쳤어요. 제 하떼 몽 볼.
J'ai raté mon vol.

· 다음 비행 편은 언제예요? 껑 떼 르 프호샹 볼?
Quand est le prochain vol ?

· 다른 항공사도 상관없어요. 위 노트흐 꽁빠니 아에히엔느 므 바.
Une autre compagnie aérienne
me va.

· 얼마나 추가 요금이 붙는 드 꽁비앙 에 르 꾸 쒸쁠레멍떼흐?
데요? De combien est le coût
supplémentaire ?